Grenzwissenschaften

Von Hans Holzer
sind außerdem im Goldmann Verlag erschienen:

Das Seelenleben der Pflanzen (11719)
Hinter der Grenze des Todes (11713)

Hans Holzer

Träume und ihre Botschaft

Deutsche
Erstveröffentlichung

Wilhelm Goldmann Verlag

Titel der Originalausgabe: Hidden Meanings in Dreams
Originalverlag: Dale Books, Inc. 380 Lexington Ave., New York
Aus dem Amerikanischen übertragen und bearbeitet
von Helmut Willmann.

Made in Germany · 8/80 · 1. Auflage · 1112
Genehmigte Taschenbuchausgabe

Umschlagentwurf: Atelier Adolf & Angelika Bachmann, München
Umschlagfoto: Hubertus Mall, Stuttgart
Gesamtherstellung: Mohndruck Graphische Betriebe GmbH, Gütersloh
Verlagsnummer: 11721
Lektorat: Cornelia Schmidt-Braul
Herstellung: Gisela Ernst
ISBN: 3-442-11721-6

Inhalt

Vorwort

Seit der Mensch entdeckte, daß er träumt, möchte er wissen, warum und wie und was dies über seinen Wachzustand aussagt. Am Anfang seiner Entwicklung wurden diese Fragen vom Schamanen, dem Zauberpriester, beantwortet. Als sich das Bewußtsein des Menschen erweiterte, konsultierte er seinen Arzt wegen seiner Träume, wollte aber im Zweifelsfall auf religiöse Beratung nicht verzichten. Nachdem er weder von der Medizin noch von der Religion erschöpfende Auskunft erhielt, nach wie vor aber daran interessiert war, seine Träume besser zu verstehen, wandte er sich okkulten Quellen zu. Wir haben es also von frühester Zeit an mit verborgenen Botschaften von Träumen zu tun, Botschaften, die nur von denen interpretiert werden können, die mit der Sprache des Okkultismus vertraut sind.

Mit Beginn des sogenannten wissenschaftlichen Zeitalters, das durch den Materialismus des 19. Jahrhunderts eingeleitet wurde, wurden Träume tabu, denn der wissenschaftlich orientierte Mensch sollte sich nicht mit solch scheinbar bedeutungslosen Informationen abgeben. Fast ein Jahrhundert lang wagte es kein Verstandesmensch, öffentlich zuzugeben, daß er an Träume glaube oder sich mit ihnen befasse, weil er in einem auf materiellen Gewinn und technischen Errungenschaften ausgerichteten Zeitalter befürchten mußte, lächerlich oder verächtlich gemacht zu werden. Eine Zeitlang gestand man nur »primitiven« Mitgliedern der menschlichen Gesellschaft zu, Träumen eine Bedeutung beizumessen, den Kindern, den Alten, den Abergläubischen und den Ungebildeten. Erst Sigmund Freud aus Wien weckte erneut das Interesse am Traummaterial, und Träume gewannen wieder enorm an Wichtigkeit.

Anfangs wurde die Psychoanalyse nicht nur von konservativen Medizinern sondern auch von der Öffentlichkeit ganz allgemein schärfstens abgelehnt. Freud und seine Schüler waren nämlich davon überzeugt, daß alle Träume Sexualsymbole enthielten und daß den menschlichen Problemen sexuelle Verklemmtheit zugrunde liege. Es schien absurd, daß sich aus dem Traummaterial wesentliche Schlüsse ziehen ließen, und noch absurder, ja sogar schockierend war es, daß man, wie Dr. Freud aufzeigte, in den Träumen eine unterdrückte sexuelle Komponente finden sollte.

Freud setzte sich jedoch schließlich durch, und an der Wende vom 19. zum 20. Jahrhundert fanden seine neuen Vorstellungen von der Natur des Menschen und vor allem von der Wichtigkeit der Träume immer weitere Anerkennung. Nachdem die Menschheit fast ein Jahrhundert lang den Träumen zuwenig Aufmerksamkeit geschenkt und ihre Bedeutung für das Verständnis der menschlichen Natur völlig ignoriert hatte, machte sie nun eine Kehrtwendung: Alles ließ sich durch Träume erklären, und selbst den vielschichtigsten Problemen eines Menschen konnte man durch das Studium seiner Träume auf den Grund gehen.

Im Laufe der Jahre akzeptierten die progressiven Denker die Theorien Freuds und seiner Nachfolger immer bereitwilliger. Die einfachen Leute jedoch, vor allem diejenigen, die es sich aus finanziellen Gründen nicht leisten konnten, regelmäßig Psychoanalytiker aufzusuchen, oder diejenigen, die die Psychoanalyse aus religiösen Gründen nicht akzeptierten, sahen sich plötzlich von etwas abgeschnitten, was sie ihr trostloses Leben hatte viel einfacher ertragen lassen und auf das sie nicht verzichten wollten: Die Hoffnung auf eine bessere Zukunft, die sie aus ihren Träumen schöpften, wurde vom 19. Jahrhundert und seinem Materialismus ins Reich des Aberglaubens verwiesen. Nun hatte also die Medizin dieses Material aufgegriffen und es sich zu eigen gemacht, wenn auch mit völlig neuen Interpretationen, die für viele einfache Leute inakzeptabel waren. Diese Leute wußten zwar, daß sie ständig träumten, sie konnten aber die sexuelle Bedeutung ihrer Träume nicht erkennen. Da sie sonst niemanden hatten, an den sie sich wenden konnten, gingen sie zu Quacksalbern, um sich ihre Träume deuten zu lassen. Viele dieser Quacksalber behaupteten zwar, okkultes Wissen zu haben, das stimmte häufig jedoch gar nicht. Es erschien eine Flut von Zigeunertraumbüchern, deren Autoren nur sehr geringes Fachwissen besaßen. Was in diesen Büchern stimmte, entstammte vornehmlich Quellen des Altertums, war symbolischer Natur und war nur für Leute zu verstehen, die sehr genaue Kenntnis von der tiefverwurzelten Symbolik okkulter Traumdeutung hatten. Um ein möglichst breites Publikum zu erreichen, mußten diese Traumbücher handfeste Ratschläge bieten. So gab es beispielsweise »babylonische« Traumbücher, die alle möglichen Traumsituationen aufführten und diese frisch-fröhlich in Zahlen umwandelten, auf die man setzen konnte. Für Leser, die sich nichts aus Wetten machten, gab es immer eine passende Interpretation bestimmter Träume. Da diese Bedeutungen eine Reihe stark voneinander abweichender Variationen enthielten, stimmte nahezu jede Interpretation. Der Leser wählte sich einfach diejenige aus, die seiner Meinung nach am besten auf seine Situation zutraf, und deutete sich so seine Träume selbst. Es muß wohl nicht besonders hervorgehoben werden, daß es sich bei derartigen Traumbüchern, von einigen wenigen Ausnahmen abgesehen, um reine Phantasieprodukte handelte. Sie dienten jedoch einem psychologischen Zweck, weil sie die alte Tradition fortführten, den Träumen Bedeutung für das menschliche Leben beizumessen, und sie halfen vielen Leuten, die hofften, ein Traum werde ihnen eine bessere Zukunft versprechen, ihr freudloses Dasein auch weiterhin zu ertragen. Sie werden bei der Lektüre dieses Buches sehen, daß zahlreiche Träume parapsychischer Natur sind und Material enthalten, das im späteren Leben der Träumenden zu objektiver Realität wird. Das ist allgemein bekannt, nicht nur Leuten, die sich damit befaßt haben, sondern auch Laien. Die Tatsache, daß man niemals weiß, wer diese Begabung hat, veranlaßte und veranlaßt Leute, nicht aufzugeben, wie schwierig ihre Situation im Moment auch sein mag.

Schließlich kam, was kommen mußte: Die Freudsche Traumdeutung wurde von anderen Psychoanalytikern, vor allem von den Anhängern Carl Gustav Jungs, ernsthaft in Zweifel gezogen.

Die rein sexuelle Deutung der Traumsymbolik wich einer Mischung aus anderen Faktoren; es war vor allem Material, das sich aus Umweltdruck, frühkindlichen Erfahrungen nichtsexueller Natur, dem Charakter der Einzelpersönlichkeit und schließlich auch aus parapsychischen Elementen zusammensetzte. Immer mehr Psychoanalytiker nehmen gegenwärtig die okkulten Wissenschaften ernst, einige haben okkultes Material sogar in ihre Deutungen und Untersuchungen eingebracht.

Als die von Carl Gustav Jung, Karen Horney und anderen gemäßigten Vertretern propagierte Psychoanalyse immer breitere Anerkennung fand, blieb die Traumdeutung nicht mehr ausschließlich dem Psychoanalytiker vorbehalten. Auch andere Forscher konnten sich wieder mit dem Traummaterial beschäftigen, und die Parapsychologen begannen Untersuchungen darüber, inwieweit es für die Phänomene verantwortlich sei, mit denen die Parapsychologie befaßt ist. Mitte der dreißiger Jahre gründete Professor Joseph Banks Rhine an der Duke University in Durham, North Carolina, das erste amerikanische Parapsychologielaboratorium, und von diesem Moment an wurde das Traummaterial eine äußerst wichtige Komponente der gesamten Para-Forschung.

Ich habe dieses Buch nicht geschrieben, um herkömmliche Träume aufgrund irgendwelcher psychiatrischer oder psychoanalytischer Theorien zu erklären, und es soll auch kein metaphysisches Kompendium sein, das die häufig verschwommene Bedeutung von Träumen interpretiert. Meine Absicht ist es, die Natur des Schlafs, ohne den es keine Träume gäbe, sowie die vielen Aspekte des Träumens aufzuzeigen. Ich will außerdem darlegen, wie sich Träume in der Dreiheit Körper, Geist, Seele einfügen, die wir menschliche Persönlichkeit nennen. Es sind schon viel zu viele Halbwahrheiten über Träume veröffentlicht worden; doch weder mystisches Brimborium, das nichts Konkretes aussagt, noch eine Kategorisierung durch die Medizin helfen dem Einzelmenschen, seine Träume zu verstehen. Ganz im Gegenteil, solche Werke verwirren ihn im allgemeinen nur noch mehr. Ich habe deshalb versucht, in möglichst einfacher Sprache die verschiedenen Traumaspekte und Untergruppierungen, so wie ich sie sehe, festzuhalten, und ich habe meine Behauptungen durch eine große Auswahl einschlägigen, noch unveröffentlichten Materials aus meinem Archiv untermauert. Dieses Material ist sorgfältig recherchiert worden. Ich möchte zeigen, wie wichtig Träume für alle Bereiche unseres Lebens sind, und ich möchte Leuten aus allen Schichten dazu verhelfen, aus ihren Träumen Nutzen zu ziehen. Aus diesem Grund habe ich den Möglichkeiten der Bewußtseinserweiterung ein eigenes Kapitel gewidmet.

Mein Standpunkt ist nach menschlichen Wertmaßstäben objektiv. Ich fühle mich keiner bestimmten religiösen Traumdeutung verpflichtet, lasse mich davon auch nicht sonderlich beeindrucken, und ich halte die Erkenntnisse irgendeines Wissenschaftlers auf irgendeinem Gebiet grundsätzlich nicht für der Weisheit letzten Schluß. Lernen ist ein kontinuierlicher Prozeß, und es kann durchaus sein, daß wir in den nächsten Jahren auf neue Fakten und Aspekte der Traumdeutung stoßen. Im Moment stehen mir die Ergebnisse einer 15jährigen Forschung auf diesem Gebiet zur Verfügung, Material aus ausgewerteten Fällen sowie meine Ergebnisse aus der hypnotherapeutischen Behandlung von Patienten, die von Ärzten an mich überwiesen worden sind.

Ich hoffe, dieses Buch wird für alle Leser unmittelbar von praktischem Nutzen sein und wird anderen Wissenschaftlern helfen, neue Wege bei der Erforschung der menschlichen Persönlichkeit zu beschreiten. Diese Wege müssen alle Elemente der menschlichen Dreiheit einschließen und dürfen nichts Wesentliches außer acht lassen, selbst wenn dies über die rein körperliche Dimension hinausgeht, mit der wir so vertraut sind. Nur wenn wir im Menschen eine Einheit sehen, können wir erfahren, was er wirklich ist.

I.
Was genau ist eigentlich Schlaf?

Bevor wir uns mit Träumen beschäftigen können, müssen wir uns erst einmal über die Natur ihres Gefährten, des Schlafs, klarwerden, ohne den das Träumen keine objektive Realität hätte. Wäre der Mensch lediglich ein aus bestimmten chemischen Verbindungen bestehender lebender Organismus ohne eine nichtphysische Komponente, die wir als Seele bezeichnen, dann ruhte er einfach eine Zeitlang, um seine Energiebatterien wieder aufzuladen. In diesem Fall wäre der Schlaf nichts anderes als ein Zustand der Bewußtlosigkeit und hätte den völligen Stillstand aller Körperfunktionen zur Folge. Das ist jedoch nicht der Fall: wir wissen ganz genau, daß gewisse lebensnotwendige Funktionen während des Schlafs erhalten bleiben, wenn auch reduziert, und daß der Schlaf keinesfalls einen völligen Funktionsstillstand bedeutet und mit dem Abschalten einer Maschine vergleichbar ist. Die im 19. Jahrhundert vorherrschende materialistische Vorstellung vom Menschen stimmt also nicht, und seine Position im Universum ist keinesfalls der einer künstlichen Maschine ähnlich, sondern weit komplexer. Das Schlafbedürfnis ergibt sich aus dem Verbrauch körperlicher oder geistiger Energie. Die Folge ist Müdigkeit; das ist etwas ganz Natürliches und ist zurückzuführen auf einen rhythmischen Wechsel, der im Menschen angelegt ist. Erschöpft sich das Energiepotential, bleibt die Maschine Mensch stehen, und der Mensch schläft. Hat er ausgeschlafen, arbeitet die menschliche Maschine wieder. Während des Schlafs ruht das Bewußtsein vorübergehend, während das Unbewußte auch weiterhin tätig ist. Lebensnotwendige Körperfunktionen gehen automatisch weiter, um den Organismus zu erhalten. Der vorübergehende Ausschluß des Bewußtseins erlaubt es dem Körper und dem Unbewußten, verbrauchte Ener-

gien aus dem Reservoir zu regenerieren, also aus dem Energiefeld, das sich im körperlichen Leib befindet.
Die menschliche Persönlichkeit besteht aus einem elektromagnetischen Feld, das ein bestimmtes Energiepotential enthält. Dieses Feld, das von einer äußeren Schicht dichterer Materie, dem körperlichen Leib, umschlossen ist, ist bei allen Menschen anders. Es enthält verschieden große Energiemengen und ist etwas größer als der physische Körper. Seine äußere Begrenzung, die sogenannte *Aura,* ist nur für besonders sensitive Menschen sichtbar; der innere Leib selbst, von Parapsychologen als Astral- oder Ätherleib bezeichnet, ist der Sitz der Persönlichkeit, des Gedächtnisses, der Emotionen und all dessen, was einen Menschen ausmacht, während die äußere Schicht, der körperliche Leib, keine eigene Energie besitzt und seine Anweisungen vom inneren Leib erhält. Das steht natürlich im Widerspruch zum Materialismus des 19. Jahrhunderts, doch gehen immer mehr Forscher von der Existenz dieses zweiten Leibes aus, sogar in Rußland. Die jüngsten russischen Publikationen sprechen davon, daß ein »Bioplasmakörper« für das Vorkommen von Para-Phänomenen verantwortlich sei, so auch für die Psychokinese, das Bewegen von Gegenständen ausschließlich durch Gedankenkraft.
Diese Anordnung ist doch eigentlich auch recht logisch; wenn wir den Energieverbraucher vom Reservoir abtrennen, ermöglichen wir es damit der »Reservemannschaft«, sich mit frischer Energie einzudecken, deren sich der Verbraucher bedienen kann, wenn er das Bewußtsein wiedererlangt. Vielleicht ist der folgende Vergleich leichter zu verstehen: auf Ihrem Bankkonto war ein bestimmter Betrag, den Sie jedoch abgehoben und ausgegeben haben. Da aber, wie Sie wissen, in 14täglichem Abstand eine Überweisung erfolgt, treten Sie finanziell einfach ein paar Tage kürzer, bis die nächste Zahlung auf dem Konto ist. Ist sie da, werden Sie benachrichtigt und können nun wieder Geld ausgeben. Genauso füllt der Schlaf das Energiepotential des menschlichen Körpers wieder auf. Wieviel Schlaf der einzelne braucht, ist schwer zu sagen, dies hängt von seiner Persönlichkeit, von Gesundheitsfaktoren, von seinem Alter, ja sogar von

sozialen und wirtschaftlichen Gegebenheiten ab. Aufgrund eigener Beobachtungen bin ich zu folgendem Schluß gekommen: Der benötigte Schlaf hängt davon ab, wie groß das Energiepotential ist, von der Notwendigkeit, verbrauchte Energie zu regenerieren. Das kann nicht nur von Mensch zu Mensch verschieden sein, sondern auch, je nach den Umständen, beim einzelnen. Es will mir scheinen, daß der Mensch so lange schlafen muß, bis sich sein Energiereservoir bis zu der Kapazität gefüllt hat, die ihm schon bei seiner Geburt vorgegeben ist, selbst wenn dieses Reservoir erst einige Jahre danach sein Maximum erreicht. Das Energiepotential jedes einzelnen ist also von Anfang an festgelegt, und es nützt dem Menschen nichts, wenn er besonders lange schläft, um sein Energiereservoir aufzufüllen. Die auf diese Weise gewonnene überschüssige Energie würde einfach verpuffen, da es für sie keine Speichermöglichkeit gäbe.

Leider leiden viele Menschen an Schlaflosigkeit oder an Schlafstörungen. Ganz egal, ob man sechs, sieben, acht, neun oder sogar zehn Stunden Schlaf benötigt, man sollte immer versuchen durchzuschlafen. Gelegentlich ist das jedoch aus einer Reihe von Gründen nicht möglich: Es kann sich dabei um gesundheitliche Probleme, um unbewältigte emotionale Probleme sowie um äußere Umstände wie beispielsweise Geräusche, Mangel an frischer Luft oder eine ungeeignete Unterlage handeln. Was auch immer die Ursachen für diese Schlafstörungen sein mögen, beschäftigt man sich mit ihnen, so sollte man sich die Notwendigkeit vor Augen halten, nach Möglichkeit zu ungestörtem Schlaf zu kommen. Je weniger der Regenerationszyklus unterbrochen wird und je ruhiger er sich vollzieht, desto besser für den Organismus. Mehrere kurze Schlafperioden können niemals eine lange ersetzen. Durchgehender Schlaf ist von allergrößter Wichtigkeit.

Leidet man an Schlaflosigkeit, so muß man sich vor allem erst einmal über die Gründe klarwerden. Hat man dies getan, sollte man sie zu Papier bringen. Dann sollte man neben die Ursachen schreiben, wie ihnen möglicherweise abzuhelfen sei. Der erste Schritt, wieder zu ungestörtem Schlaf zu kommen, besteht darin, sich dieses »Rezept«, am besten laut, durchzulesen und zu bestimmen, was man am nächsten Tag zur Lösung des Problems tun will. Der zweite, nicht minder wichtige Schritt besteht darin, sich ganz zwanglos zu suggerieren, man schlafe dann und wann ein, ohne daß man sich übermäßig darauf konzentriert und ohne daß man sich das selber befiehlt. Je stärker der Befehl, desto unwahrscheinlicher ist es, daß er vom Unbewußten, das den Schlafrhythmus kontrolliert, befolgt wird.

Hat man sich suggeriert, dann und dann einzuschlafen, sollte man sich die Zeiger einer Uhr vorstellen, die auf der gewünschten Einschlafzeit stehen. Danach muß man sich sofort mit etwas anderem beschäftigen und darf keine Gedanken mehr an dieses Thema verschwenden. Zu der festgelegten Zeit wird das Unbewußte das Gehirn veranlassen, dem Schlafzentrum eine entsprechende Anweisung zu geben, und man müßte eigentlich einschlafen. Die Einnahme von Schlafmitteln ist nicht zu empfehlen: Sie mögen anfangs zwar schnelleren Erfolg bringen, früher oder später verlieren sie jedoch ihre Wirkung, was in der Folge zu Angstzuständen führt. Häufig schon habe ich Leute sagen hören, der Körper werde schon einschlafen, wenn er müde genug sei; das muß nicht unbedingt stimmen, denn ungelöste emotionale Faktoren können die natürlichen Körperfunktionen empfindlich stören.

Ein drittes wichtiges Element zur Wiedererlangung eines ungestörten Schlafs liegt in der Erkenntnis, daß sich der Schlaf in den Lebensrhythmus des Menschen einfügen muß. So sollte ein Tagmensch nicht versuchen, nachts zu arbeiten, und ein Nachtmensch sollte sich nicht dazu zwingen, schon früh am Morgen aufzustehen, trotz solch geflügelter Worte wie »Morgenstund hat Gold im Mund«.

Der Tod wird häufig als ewiger Schlaf bezeichnet. Das geht natürlich auf religiöse Vorstellungen zurück, nach denen der Mensch stirbt und so lange in seinem Grab »schläft«, bis er auferweckt und vor Gottes Thron gerufen wird. Diese Vorstellung existiert nicht nur im Christentum, sondern auch in der ägyptischen Religion, wo die Seelen der Toten von Thot gerichtet werden. Ausgangspunkt für solche Vorstellungen ist die starke Ähnlichkeit zwischen Schlaf und Tod; der primitive Mensch beobachtete, daß Tote zu schlafen schienen, zumindest oberflächlich betrachtet. Der Gedanke, der Körper der Toten schlafe bis in alle Ewigkeit, schien ihm angenehmer zu sein als die realistischere Vorstellung, der körperliche Leib verwese schnell, wenn er unter der Erde liege, wo kein Leben ohne die lenkende Kraft des Geistes möglich war. Die Religion nahm diesen natürlichen Euphemismus auf und brachte ihn in ihre Lehre ein, nach der die Guten belohnt und die Bösen bestraft werden. Die Auferstehung wird auf diese Weise zur endgültigen Belohnung, obwohl keine bestimmte Zeit dafür festgesetzt ist. Der in der katholischen Kirche vorherrschende Glaube an die Auferstehung des *körperlichen* Leibes steht jedoch im Widerspruch zu Beobachtungen in der Natur: Für den primitiven Menschen, der sah, daß alles um ihn herum im Frühling zurückkam, war die Reinkarnation als Prinzip in der Natur weit akzeptabler als die Wiederbelebung dessen, was, wie er im Grunde wußte, gar nicht wiederzubeleben war. Um die physische Wiederbelebung zu akzeptieren, mußte er ein mögliches Wunder akzeptieren, das wiederum die allmächtige Gegenwart einer Gottheit voraussetzte, der Vernunft innewohnte. All dies bildete einen wesentlichen Bestandteil einer politischen Kirche und einer Struktur, die mehr darauf abzielte, die Gläubigen bei der Stange zu halten, als ein realistisches Bild vom Jenseits zu geben.

Die Ähnlichkeit zwischen Schlaf und Tod ist jedoch nur oberflächlich: Im Schlaf bleiben alle lebensnotwendigen Funktionen erhalten, und die körperlichen Bewegungen hören nicht auf. Im Tod dagegen erlöschen alle lebensnotwendigen Funktionen, und der Körper ist ohne Leben. Trotzdem existiert der Euphemismus nach wie vor. Wir sprechen davon, »ein Tier einzuschläfern«, obwohl wir es in Wirklichkeit töten. Unsere Friedhöfe sind mit Grabsteinen übersät, auf denen wir unseren lieben Verstorbenen sanfte Ruhe wünschen. Wir erzählen uns, der und der sei zur ewigen Ruhe eingegangen, obwohl wir keinerlei Beweise dafür haben, daß er das wirklich getan hat.

Seit es Menschen gibt, ist der Teil des Lebens, den man verschläft, auch die Zeit, in der Ungewöhnliches geschehen kann.

Dieses Ungewöhnliche ereignet sich zwar meistens im Traum, der in den Schlaf eingebettet ist, manchmal jedoch auch dann, wenn der Mensch nur schläft, aber noch nicht träumt. Ich spreche hier von Offenbarungen, die dem Schlafenden zuteil werden, Offenbarungen, deren Ursprung nicht außerhalb des einzelnen, sondern in ihm selber liegt. Im Schlaf, wenn das Bewußtsein zeitweilig ausgeschaltet ist, kann das Unbewußte den oberen Schichten des Gehirns gewisse Botschaften übermitteln, die der Mensch in wachem Zustand nicht zu erfassen vermag. Der Schlaf ist also eine Zeit der Inspiration, eine Zeit, in der die inneren Quellen des Menschen fließen, die ihm im Wachzustand verschlossen sind. Es gibt zahllose Fälle, in denen eine Gottheit oder himmlische Wesen Schlafende besucht haben. Natürlich könnte ein Psychoanalytiker der alten Schule sagen, diese biblischen Gestalten hätten nur *geträumt*, Gott oder ein Engel habe sie besucht, und sie hätten nach dem Erwachen ihre lebhaften Träume festgehalten.

Nach dem Studium von Hunderten von Fällen, in denen scheinbare parapsychische Mitteilungen aus dem Jenseits vorkommen, bin ich jedoch zu der Überzeugung gelangt, daß zwischen der Kommunikation mit höheren Wesen im Traum und einer wirklichen »Heimsuchung« durch solche Wesenheiten ein ganz deutlicher Unterschied besteht. Ein parapsychischer Traum hat die Form einer *Botschaft*, und zumindest in dem Material, das sich in meinem Besitz befindet, stammen diese Botschaften von Menschen aus dem Jenseits. Die biblischen und anderen religiösen Besucher sind dagegen näher und unmittelbarer gegenwärtig, nämlich auf einer körperlichen Ebene mit dem Schlafenden, der sie nicht mit seinen gewöhnlichen Sinnen sieht oder hört, sondern sie durch sein Unbewußtes wahrnimmt, das durch seine in ihrer Wirkungsweise stark reduzierten Sinne hindurchwirkt. In vielen Kulturkreisen galt der Schlaf, besonders der von Leuten, die für ihre religiösen Neigungen bekannt waren, schon fast als heilig, und nicht selten folgten Prophezeiungen und tiefsinnige Aussprüche auf Schlafperioden, in denen sich jemand höheren Mächten öffnete.

Häufig werden durch Schlaf Krankheiten geheilt, und zwar

nicht nur psychische Krankheiten, was vermutlich auf den Einfluß eines Therapeuten zurückzuführen ist, sondern auch körperliche. Mediziner verordnen schon seit langem Schlaf zur Erholung. Der Arzt tut das nicht, weil er sich damit einen lästigen Patienten vom Hals schaffen will, sondern deshalb, weil der Mensch im Schlaf tatsächlich Erholung findet. Das ist darauf zurückzuführen, daß Energien freigesetzt werden können, die im Körper wieder volle Harmonie herstellen. Bekommt ein Patient also Ruhe verordnet, so dient dies keinesfalls dem Abbau von Symptomen; vielmehr handelt es sich dabei um eine positive, aktive Therapie. Es muß in diesem Zusammenhang aber auch gesagt werden, daß Träume dem Erholungsprozeß die Energie zwar nicht völlig, immerhin jedoch teilweise entziehen. Und der Mensch träumt fast jede Nacht.

Werden zwei Menschen miteinander intim, so geschieht das in den meisten Gesellschaftsformen nachts, entweder vor dem Einschlafen oder während einer Schlafunterbrechung oder vor dem Aufstehen. Fast in allen Sprachen gibt es den Euphemismus »mit jemandem schlafen«. Der Grund für diese Gewohnheit liegt mit Sicherheit nicht in dem Bedürfnis nach Dunkelheit für die intimste aller menschlichen Beziehungen, denn bei vollem Tageslicht oder in einem Raum mit gedämpfter Beleuchtung ist der Lustgewinn besonders groß. Am Abend ist der Mensch normalerweise müde von der Arbeit des Tages und hat nicht mehr allzuviel Energie übrig. Die Gründe, warum Menschen schon von jeher ausgerechnet nachts miteinander schlafen, müssen also anderswo zu finden sein. Könnte es nicht sein, daß die stärkende Eigenschaft des Schlafs in direkter Beziehung zum Energieverbrauch während des Geschlechtsverkehrs steht? Ob Menschen nun am Abend miteinander schlafen und im Schlaf die verbrauchte Energie regenerieren, ob sie während einer Schlafunterbrechung miteinander schlafen oder unter Ausnutzung der neugewonnenen Energien am frühen Morgen, die Verbindung zwischen Sex und Schlaf liegt klar auf der Hand. Geschlechtsverkehr ist natürlich auch ein ausgezeichnetes Schlafmittel, denn er entspannt den gesamten Körper und erleichtert so ein Hinübergleiten in den Schlaf.

Es gibt jedoch nicht nur den natürlichen Schlaf, sondern auch den hypnotischen, eine Methode, künstlich einen Schlafzustand zu induzieren. Man bedient sich dabei der Kräfte der Suggestion, man schließt die Umwelt sowie äußere Geräusche und Reize aus und schränkt gleichzeitig die Aufnahmefähigkeit auf die Stimme des Hypnotiseurs ein. Hypnose ist jedoch nur mit Zustimmung des zu Hypnotisierenden möglich; der Erfolg hängt zu 90 Prozent von der Versuchsperson und nur zu 10 Prozent vom Hypnotiseur ab. Schon der geringste Zweifel oder die geringste geistige Blockierung verhindern einen hypnotischen Schlafzustand. Es gibt eine Reihe grundlegender Unterschiede zwischen dem natürlichen und dem künstlich herbeigeführten Schlaf. So kann beispielsweise jemand auch dann hypnotisiert werden, wenn er voll ausgeruht ist oder gerade erst ausgeschlafen hat. Da der Schlafzustand suggeriert wird, ist er nicht von der körperlichen und geistigen Verfassung der Versuchsperson abhängig. Der Hypnotiseur schafft Bedingungen, die Schlaf zur Folge haben, und suggeriert dem zu Hypnotisierenden, sie seien real. Ist der Kontakt zwischen Versuchsperson und Hypnotiseur gut und stark, wird erstere die Suggestionen als Realität akzeptieren und sie befolgen. Nach der Hypnose fühlen sich die meisten Menschen vollkommen entspannt, besonders dann, wenn ihnen dies vor dem Aufwachen suggeriert wurde. Gute Versuchspersonen haben aber zusätzlich auch noch das Gefühl, das, was der Hypnose unmittelbar vorausgegangen ist, gehe weiter. Häufig verlieren sie jedes Zeitgefühl und können sich nicht daran erinnern, was während des hypnotischen Schlafs geschah. Das ist oftmals auch notwendig, besonders in der Hypnotherapie, denn der Hypnotiseur will das Unbewußte seines Patienten von bestimmten negativen Faktoren befreien. Auch der hypnotische Schlaf kann so angelegt werden, daß der Körper, wie im natürlichen Schlaf, seine Energiebatterien auflädt.

Es gibt in der Hypnose drei Intensitätsstufen, aber nur die dritte, die tiefste, ähnelt dem natürlichen Schlaf. In diesem Zustand kann der Hypnotiseur den Hypnotisierten suggestiv beeinflussen oder sein Unbewußtes von unerwünschtem Material befreien. Das ist bei natürlichem Schlaf selbstverständlich. Ein

Schlafender wird weder am Tag noch in der Nacht irgendwelche Suggestionen hören, es sei denn, er wacht darüber auf. Im hypnotischen Schlaf dagegen ist jedes einzelne vom Hypnotiseur gesprochene Wort von Wichtigkeit. Posthypnotische Suggestionen sind häufig Bestandteil der Hypnose. Auch das ist bei normalem Schlaf unmöglich. In den letzten Jahren sind einige Geräte entwickelt worden, die angeblich das Lernen während des Schlafs ermöglichen. Es handelt sich dabei überwiegend um einfache Abspielgeräte, deren Suggestionen sich im Unbewußten des Schlafenden festsetzen sollen. Da der Schlafende aber nicht hypnotisch behandelt worden ist, fehlt die Steuerung durch den Hypnotiseur, und die Wirksamkeit solcher Geräte ist somit recht zweifelhaft.

Hypnose kann eine wertvolle Hilfe bei zwei Zuständen sein, die eng mit dem Träumen und dem Schlafen verbunden sind. Bei Menschen, die an Schlafstörungen leiden, kann die hypnotische Suggestion Blockierungen beseitigen und gewisse Schlafgewohnheiten herbeiführen. In diesem Fall versetzt die Anwendung posthypnotischer Suggestion einen Menschen in den Schlafzustand, wenn dies erwünscht ist. Dieses Verfahren sollte jedoch nur von ausgebildeten Hypnotiseuren angewandt werden, da seine Wirksamkeit, aber auch seine Sicherheit vom richtigen Zeitpunkt und von der genauen Formulierung der Anweisungen abhängen. Es sollte auch nur bei Personen angewandt werden, die keine psychosomatischen oder psychoneurotischen Probleme haben, oder es sollte von einem Arzt überwacht werden, der mit Hypnosetechniken vertraut ist.

Die zweite Möglichkeit für einen Hypnotiseur besteht darin, vergessene Träume aus dem Unbewußten des Patienten hervorzuholen. Das kann bei tief vergrabenem psychoanalytischen Material ebenso von sehr großer Wichtigkeit sein wie bei Leiden, bei denen es zu Angstzuständen kommt, und bei der Erforschung von Reinkarnationsmaterial, dessen sich der Patient bewußt nicht erinnert, das aber dennoch durch Hypnose aufgespürt und an die Oberfläche gebracht werden kann und das auf diese Weise analysiert und in Beziehung zur gegenwärtigen geistigen und körperlichen Verfassung des Hypnotisierten gesetzt werden kann. Diese Anwendung der Hypnose sollte aber nur Ärzten vorbehalten sein, die etwas von Parapsychologie verstehen, oder Parapsychologen, die sich über die gebotene Vorsicht bei Neurotikern im klaren sind.

Der Mensch ist nicht das einzige Lebewesen, das seine Energien durch Schlaf regeneriert. Tiere tun dies ebenfalls, und ich bin überzeugt davon, daß sie auch träumen. Leider erfahren wir Einzelheiten darüber nur gelegentlich auf Umwegen, nämlich dann, wenn sich Tiere als Folge von Angstträumen abnormal verhalten. Selbst bei Pflanzen gibt es einen dem menschlichen und tierischen Schlaf gleichkommenden Zustand, in dem die Funktionen der Pflanze vorübergehend stark reduziert zu sein scheinen. Ich bin überzeugt, daß Pflanzen ihr Energiepotential auf ganz genau die gleiche Weise auffüllen wie Menschen und Tiere, da sie mit der höheren Ordnung von Lebewesen den in einer physischen, dreidimensionalen Hülle eingebetteten inneren Leib, den Astralleib, gemein haben.

II.
Was ist eigentlich ein Traum?

Selbst überdurchschnittlich gebildete Leute kennen häufig den Unterschied zwischen Schlaf und Traum nicht, wissen also nicht, daß es zu bestimmten Vorgängen nur im Schlaf kommt, während es zu anderen nur dann kommt, wenn der Mensch träumt. Das ist durchaus verständlich, denn Schlaf und Traum fallen sozusagen zusammen. Sie sind jedoch nicht identisch — schlafen heißt nicht unbedingt träumen, und es gibt Traumzustände, die eigentlich gar nicht zum Schlafzustand gehören, in denen der Mensch ziemlich wach sein kann, ohne voll bei Bewußtsein zu sein. Am häufigsten träumt man jedoch ohne Zweifel im Schlaf. Ich möchte es einmal so formulieren: Man schläft entweder oder man ist wach, man kann aber gleichzeitig schlafen und träumen. Wenn man sich an einen Traum nicht erinnert, so heißt das natürlich nicht, daß man nicht geträumt hat. Das erinnernde Festhalten von Trauminhalten ist zwar die Primärquelle der Traumforschung, ist aber dennoch, objektiv gesehen, nicht verläßlich. Das Erinnerungsvermögen an Träume läßt nach dem Aufwachen sehr schnell nach, und es kann durchaus sein, daß sich der Schlafende einfach nicht mehr erinnert. Einige materialistisch eingestellte Menschen neigen zwar dazu, Träume mit Phantasien gleichzusetzen, dem war jedoch nicht immer so. Vor dem Materialismus des 19. Jahrhunderts wurde das Träumen durchaus ernst genommen. William Shakespeare weist häufig auf die Wichtigkeit des Traumzustandes hin. »Schlafen! Vielleicht auch träumen!« (*Hamlet*) und »Wir sind aus dem Stoff, aus dem die Träume sind ...« (*Der Sturm*) sind zwei der bekannteren Zitate, aus denen hervorgeht, welche Bedeutung Shakespeare und seine Zeitgenossen dem Traummaterial für die kreativen und intellektuellen Vorgänge im Menschen beimaßen.

Was genau geschieht eigentlich mit dem Körper, dem Geist und der Seele, wenn der Mensch schläft? Wie entstehen eigentlich Träume? Nach Sandra Shulman, einer Engländerin, die sich in ihren Publikationen mit vergleichender Religionswissenschaft beschäftigt, war die Oneiromantie, die Traumforschung, ursprünglich untrennbar mit den mystischen Wurzeln der Zivilisation, der Religion und der Magie verbunden, mit denen auch die Medizin eng verbunden war. Sie sagt: »Träume wären möglicherweise in der nebelhaften Atmosphäre der Dichtung, des Aberglaubens und der Rummelplatzquacksalberei geblieben, hätte nicht Ende des letzten Jahrhunderts ein Wiener Arzt, Sigmund Freud, in ihnen die Schlüssel gesehen, mit denen sich die Türen des menschlichen Unbewußten aufsperren ließen.«

Aber was hat Freud eigentlich bewirkt? Nichts weniger als daß das wissenschaftliche Establishment und seine Anhänger die alten Erkenntnisse vorfreudscher Traumdeutung über Bord geworfen haben, nichts weniger als die Zurückweisung der im Traummaterial enthaltenen parapsychischen Elemente und aller anderen Manifestationen äußerer Herkunft, die nicht zu Freuds Auffassung paßten, Träume spiegelten des Menschen unterdrückte Libido wider. Eine der bekanntesten Autoritäten auf dem Gebiet der Träume ist Calvin S. Hall, Direktor des Institute of Dream Research in Santa Cruz, Kalifornien, und Autor zahlreicher Bücher über Traumpsychologie. »Ein Traum ist eine Abfolge von Bildern, meist visueller Art, die man während des Schlafs erlebt«, schreibt Dr. Hall in *The Meaning of Dreams.* Für ihn besteht eine sehr starke Ähnlichkeit zwischen Träumen und Theaterstücken. »Ein Traum hat in der Regel eine oder mehrere Szenen, neben dem Träumenden noch verschiedene andere Akteure und besteht aus einer Kette von Handlungen und Konstellationen, in die der Träumende für gewöhnlich einbezogen ist. Er ähnelt einem Film oder einer Theaterproduktion, der Träumende ist jedoch gleichzeitig Darsteller und Zuschauer. Ein Traum ist zwar eine Halluzination, da die Ereignisse nicht wirklich stattfinden, dennoch erlebt sie der Träumende so, als ob er etwas Reales sehe.«

Das ist eine ziemlich eindeutige Aussage von einem Mann, der als Kapazität auf dem Gebiet der Traumforschung gilt, eine Aussage, die sich eng an die Freudschen Kriterien hält. Sind Träume gelegentlich nicht doch real? Dr. Hall vermeidet jede Auseinandersetzung mit parapsychischen Träumen und der außerkörperlichen Projektion, die beide reale Elemente enthalten und keine Halluzinationen sind. Der gute Doktor erkennt auch nicht die erstaunlichen Fälle an, in denen Träumende Inspirationen erhalten, in denen ganz einfachen und scheinbar ungeeigneten Leuten gezielte Informationen zuteil werden, aufgrund deren sie Erfindungen machen und Leistungen vollbringen, die über ihren Kenntnisstand gehen, und auch sonst Beweise dafür liefern, daß sie im Zustand des Träumens von außen inspiriert worden sind. Ich meine damit nicht die vage formulierten Aussagen von Dichtern, Schriftstellern und Komponisten, sie seien von außen »inspiriert« worden, sondern ich beziehe mich auf konkrete Fälle, in denen ganze Projekte aufgrund von Träumen vollständig entworfen worden sind.

»Nach Auswertung von Tausenden von Träumen wissen wir, daß bestimmte Themen verhältnismäßig selten vorkommen, andere dagegen relativ oft. Träume enthalten nur wenig Material politischer oder wirtschaftlicher Natur. Sie sagen kaum etwas oder überhaupt nichts über aktuelle Ereignisse in der Welt aus. In den letzten Tagen des Japankrieges, als die erste Atombombe fiel, sammelte ich täglich die Träume von Studenten, dieses dramatische Ereignis kam jedoch in keinem einzigen vor«, schreibt Dr. Hall.

Schon seine Behauptung, Träume enthielten weder politisches noch wirtschaftliches Material, ist offenkundig falsch. Wie ich noch aufzeigen werde, kommt gerade solches Material immer wieder in den Träumen von Menschen vor, die in die Zukunft sehen können. Kommt ein ganz bestimmtes Ereignis entgegen der Erwartung des Experimentators nicht vor, so ist das, als ob ich sage: »Warum holt mir das Medium meinem Onkel Joe nicht her?«, wenn ich will, daß es ihn herholt. Wir müssen doch die Ergebnisse nach dem beurteilen, was eintrifft, und dürfen nicht versuchen, eine Erklärung dafür zu finden, warum sie nicht eintreffen, wenn wir das wünschen.

Dr. Hall ist der Ansicht, Träume seien in erster Linie authentischer Ausdruck eines durch Konflikte verängstigten Geistes und seien auf unsere Unfähigkeit zurückzuführen, unsere Probleme im Wachzustand zu lösen.

Einen etwas anderen Standpunkt vertritt Erich Fromm, eine international anerkannte Kapazität auf dem Gebiet der Psychologie und Autor zahlreicher Werke, von denen für mich *Die Kunst des Liebens* der vielleicht wichtigste Beitrag zum Verständnis der menschlichen Natur ist. In einem erst kürzlich veröffentlichten Buch mit dem Titel *The Forgotten Language* sagt Dr. Fromm, es sei wichtiger, Träume zu verstehen, als sie zu deuten. Für ihn enthalten Träume eine symbolische Sprache, die er als eigene Sprache bezeichnet, »eigentlich die einzige Universalsprache, die die menschliche Rasse jemals entwickelt hat«, und das Problem bei der Beschäftigung mit Traummaterial besteht für ihn darin, diese Symbolik zu verstehen, und nicht etwa darin, nach einem künstlich geschaffenen Code zu suchen. »Ich glaube, ein solches Verstehen ist für jeden Menschen wichtig, der über sich selbst Bescheid wissen will, und nicht nur für den Psychotherapeuten, der geistig-seelische Störungen heilen will.« Dr. Fromm zitiert dann aus dem Talmud, dem heiligen Buch des Judentums, in dem es heißt, ein unverstandener Traum sei wie ein ungeöffneter Brief.

Während Dr. Hall im Traummaterial nichts anderes als Halluzinationen sehen will, sagt Dr. Fromm: »Der Traum ist ein sich in der Gegenwart abspielendes, reales Ereignis, und zwar so sehr, daß sich zwei Fragen aufdrängen: Was ist Realität? Woher wissen wir, daß das, was wir träumen, irreal ist, und das, was wir im Wachzustand erleben, real?« Der italienische Dramatiker Luigi Pirandello hat dieses Thema in den Mittelpunkt einiger seiner Stücke gestellt. Freud und seine Schüler neigten dazu, Träume als Ausdruck ungelöster Libidokonflikte anzusehen, Fromm dagegen sieht in ihnen symbolisches Material, das übrigens immer gleich ist, egal, aus welcher sozialen Schicht der Träumende kommt, egal, um was für Leute es sich handelt. Dr. Fromm, der in der symbolischen Traumsprache eine wahrhaft universale Ausdrucksform sieht, vertritt die Ansicht, sie sei »eine

Sprache, bei der innere Erlebnisse, Gefühle und Gedanken so ausgedrückt werden, als ob sie Sinneswahrnehmungen seien, Erlebnisse in der Sinneswelt. Sie ist eine Sprache, die eine andere Logik hat als die konventionelle Sprache, die wir tagsüber sprechen, eine Logik, bei der nicht Zeit und Raum die alles beherrschenden Kategorien sind, sondern Intensität und Assoziation.«

Aber Träume sind all dies und noch mehr. Der Traumzustand nimmt einen derart großen Teil des menschlichen Erlebens ein, daß er fast so groß wie der Wachzustand ist, obwohl er wahrscheinlich nur einen Bruchteil der konventionellen Zeit ausmacht, in der der Mensch wach ist. Für mich ist der Traumzustand ein Zustand *erhöhter Aufnahmefähigkeit*, der notwenig ist, um dem Menschen bestimmte Informationen zu übermitteln, die dieser normalerweise wegen der Natur seiner Psyche nicht akzeptieren würde. Damit der Mensch im Wachzustand voll dasein kann, wird das Unbewußte im allgemeinen ganz ausgeschaltet oder weitgehend zurückgedrängt. Wäre dem nicht so, könnte der Mensch nicht die Leistung erbringen, die er häufig erbringt. Konzentriert er seine Energien auf rein mechanistische Aktionen, so führt das zur Verdrängung und Ausschaltung der zarteren Vibrationen, die die menschliche Natur aufnehmen und kreativ umsetzen kann. Um *voll* funktionsfähig zu sein, bedarf der Mensch also zweier Ebenen.

Wir wissen bereits, was mit dem Körper geschieht, wenn der Mensch schläft; das Unbewußte kann sich frei entfalten, der physische Leib dagegen arbeitet nur noch bedingt, lebensnotwendige Funktionen bleiben aber nach einem ausgeklügelten System erhalten, wenn auch so stark reduziert, daß der Schlaf nicht gestört wird. Zumindest nicht bei einem völlig ausgeglichenen, gesunden Menschen. Die anderen zwei Komponenten der menschlichen Persönlichkeit, der Geist und die Seele oder Psyche, sind jedoch nicht unbedingt untätig. Da sie den Körper nicht mehr in Bewegung halten müssen, können sie ihre Energien auf Ziele konzentrieren, die sie nicht verfolgen können, wenn sie sich um den Körper kümmern müssen. Die natürliche Rolle des Geistes, des »Wächters der Maschine Mensch«, scheint darin zu bestehen, Informationen von außen zu filtern und es ihnen zu ermöglichen, das Unbewußte zu erreichen, damit sie vom Träumenden verstanden werden können. Eine gewisse Filterung ist notwendig, um das Material aufzubereiten. Die Psyche oder Seele dagegen kann nun dem Bewußtsein Material zuführen, damit es vom Träumenden beim Aufwachen verstanden werden kann.

Wir haben es also mit Gegenverkehr zu tun, Material von außen wird empfangen und aussortiert, und Material von innen wird zum Bewußtsein des Träumenden geleitet, um dessen Aufmerksamkeit auf bestimmte Gegebenheiten zu richten, deren er sich normalerweise nicht bewußt ist. Beide Vorgänge bauen auf Bildern und akustischem Material auf, in anderen Worten, der Träumende sieht nicht nur Szenen, er hört auch Laute, oder er meint zumindest, dies zu tun. Da niemand außer ihm selbst dieselben Szenen sieht oder dieselben Laute hört, haben diese ihren Ursprung augenscheinlich in seinem Inneren und wirken auf die entsprechenden Gehirnzentren direkt ein, ohne daß sie durch die Gehör- oder Sehorgane des Körpers aufgenommen werden müssen. Das ist etwa so, als ob man eine Aufnahme direkt von einem Gerät auf ein anderes überspielt, ohne ein Außenmikrophon zwischenzuschalten. Die Aufnahmequalität ist viel besser, weil auf diese Weise störende Außengeräusche gänzlich ausgeschaltet werden. Der Traumkreis ist ebenfalls geschlossen und deswegen leistungsfähiger, als wenn das Material durch Bilder und Laute von außen ankäme.

Ich habe das Traummaterial in vier größere Kategorien unterteilt: in Träume die durch physische Probleme ausgelöst werden, wodurch es zu Alpdrücken und verzerrten Bildern kommt, in Träume, die auf unterdrücktes Material zurückgehen und sich psychoanalytisch auswerten lassen, in Träume parapsychischer Natur sowie schließlich in außerkörperliche Erlebnisse, die auch als außerkörperliche Projektionen bezeichnet werden.

Über die Realität und das häufige Vorkommen von physisch ausgelösten Träumen sind sich die Psychiater im großen und ganzen einig. Wird der Körpermechanismus aufgrund übermäßiger Nahrungsaufnahme oder anderer Störungen des Systems mit Giftstoffen überschwemmt, so können diese Vorgänge ohne weiteres auf das entsprechende Nervenzentrum »drücken« und, wenn auch nur kurzzeitig, zu Alpträumen und anderen Traumaformen biochemischen Ursprungs führen, die dann enden, wenn das Gleichgewicht im Körpersystem wiederhergestellt ist oder wenn der Träumende erwacht. Selbst ein ganz normales körperliches Unbehagen wie beispielsweise das Bedürfnis, seine Notdurft zu verrichten, kann solche Träume auslösen. Nur Zigeunertraumbücher würden Äußerungen dieser Art eine Bedeutung beimessen. Interessanterweise sieht jedoch Dr. Hall eine Verbindung zwischen solchen physischen Träumen und möglichem paranormalem Material. Bei der Erörterung des alten Glaubens, Träume würden durch einen »inneren Leibreiz« verursacht, bezeichnet er Träume, die eine spätere Krankheit anzeigen, als *prodromal.* Das Wort *Prodrom*, das aus dem Griechischen kommt und dort soviel wie »Vorbote« bedeutet, wird von Dr. Hall als »Krankheitswarnzeichen« interpretiert. Träumte man nach diesem alten Glauben davon zu ersticken oder erdrückt zu werden oder zu fliegen, so wies dies angeblich auf den Beginn einer Lungenkrankheit hin. Nach Dr. Hall sind vor allem Umweltfaktoren, die auf den Schlafenden einwirken, beispielsweise ein zu kalter oder zu warmer oder ein schlecht durchlüfteter Raum, für bestimmte Arten von physischen Träumen verantwortlich.

Es ist wichtig zu wissen, daß Träume, die durch physischen Druck ausgelöst werden, diesen Druck in keiner Weise abbauen und auch nicht im mindesten zum Wohlbefinden des Schlafenden beitragen, sieht man einmal davon ab, daß sie ihn auf eine Störung in seinem Körper oder in seiner Umwelt aufmerksam machen. Das ist nicht überraschend, denn für mich sind sie entweder auf eine rein mechanische Kettenreaktion im biochemischen System des Körpers zurückzuführen, auf die der Schlafende keinerlei Einfluß hat, oder aber auf irgendwelche äußere Einwirkungen. Das physische System ist aus dem einen oder anderen Grund aus dem Gleichgewicht geraten, und der Apparat reagiert, um Aufmerksamkeit auf diesen Zustand zu lenken. Der physisch ausgelöste Traum endet in dem Moment, in dem das System wieder im Gleichgewicht ist, in dem also kein Grund mehr für eine solche Aktion gegeben ist.

Träume der zweiten Kategorie, solche, die durch unterdrücktes Material ausgelöst werden, sind das Brot der Psychoanalytiker. Vertritt ein Psychoanalytiker die Freudsche Aufassung, so erblickt er in jedem Traum unterdrückte Libido sowie Sexualsymbole und er erklärt die Träume auf der Grundlage von sexuellen Verklemmungen, sexuellen Bedürfnissen und von Sexualsymbolik. Ist er ein Anhänger Jungs, so tut er dies in einer Reihe von Fällen sexuellen Inhalts, andere Träume dagegen erklärt er als Wunschträume oder als symbolische Ausdrucksform, so wie dies Dr. Erich Fromm tut. Es ist unbestritten, daß sich Traummaterial psychoanalytisch sehr gut auswerten läßt, daß die Psychoanalyse selbst in vielen Fällen sehr nützlich ist. Am nützlichsten ist sie jedoch, wenn sie bei Psychoneurotikern angewandt wird, denn diese können manchmal durch Diskussionen über ihre unterdrückten Probleme geheilt werden. Anders ist das bei Psychotikern, die für derartige Diskussionen weit weniger zugänglich sind. In diesem Fall hat das Traummaterial für den Arzt lediglich Informationswert, ein Dialog findet aber überhaupt nie oder nur sehr selten statt, und es ist deshalb weit schwieriger, praktische Ergebnisse zu erzielen.

Ich will mich in diesem Buch nicht näher mit der Frage der psychoanalytischen Traumdeutung beschäftigen, sondern es mit der Feststellung bewenden lassen, daß sich zwar ein gewisser Prozentsatz aller Träume so interpretieren läßt, daß dies aber bei einer ebenso großen und beeindruckenden Zahl von Träumen nicht der Fall ist. Leider verstehen nur wenige ausgebildete Psychoanalytiker den Unterschied zwischen symbolischem Traummaterial und echten parapsychischen Träumen. Sie behandeln parapsychisches Material so, als ob es lediglich symbolisches Material sei, und deuten es natürlich dementsprechend falsch. Das ist darauf zurückzuführen, daß die in Krankenhäusern beschäftigten Psychoanalytiker und Psychiater in ihrer Mehrzahl die Parapsychologie noch nicht als Schwesterwissenschaft anerkennen oder daß sie, falls sie das doch tun, aufgrund ihrer Ausbildung nicht in der Lage sind, deren Prinzipien in ihre Arbeit einzubringen. Frei praktizierende Psychiater und Psychoanalytiker, die über parapsychologische Methoden Bescheid wissen, sind nur sehr dünn gesät, und mir scheint es dringend erforderlich, vielversprechenden Nachwuchs intensiver als bisher auszubilden. Ich erinnere mich noch genau, wie ich mich Ende der 40er Jahre einer Psychoanalyse unterzog. Ich stand damals unter großem Druck von außen und dachte, ich würde auf diese Weise zu einem besseren Selbstverständnis kommen. Mein Therapeut war Dr. E., ein ehemaliger Mitarbeiter des großen Carl Gustav Jung. Wir verbrachten viel Zeit damit, meine Träume durchzugehen, und Dr. E.'s Methode bestand darin, mich meine Träume erst selbst interpretieren zu lassen und sie dann aus seiner Sicht zu deuten. Es waren etliche parapsychische Träume darunter, und wir kamen stets zu verschiedenen Schlüssen über ihre Bedeutung und ihren Ursprung. Nach sechs oder sieben Monaten brach ich die Behandlung ab und traf Dr. E. erst wieder viele Jahre später auf einem von der inzwischen verstorbenen Eileen Garett organisierten Psychotherapieforum in New York. »Ich freue mich, Sie hier zu sehen«, sagte Dr. E., als er mich erkannte. Ich schüttelte den Kopf und entgegnete: »Nein, Herr Doktor, ich freue mich, *Sie* hier zu sehen.« Dr. E. hatte ganz offensichtlich Interesse an den von führenden Parapsychologen unserer Tage praktizierten Methoden gewonnen.

Bevor wir uns den übrigen zwei Traumkategorien zuwenden, d. h. parapsychischen Träumen und außerkörperlichen Erlebnissen, sollten wir uns erst einmal darüber klarwerden, welche Unterschiede zwischen ihnen und herkömmlichen Träumen bestehen. Träume, die durch körperliches Unbehagen oder Umweltdruck ausgelöst werden, sowie psychoanalytisch auswertbare Träume sind bei weitem nicht so intensiv wie parapsychische Träume oder außerkörperliche Erlebnisse. Träume der ersten beiden Kategorien werden beim Aufwachen leichter vergessen, es sei denn, man schreibt sie sofort auf. Parapsychische Träume oder außerkörperliche Erlebnisse kann man dagegen nur selten abschütteln, selbst wenn man sich nicht sofort Notizen macht. Einige parapsychische Träume sind so stark, daß sie den Träumenden aufwecken, und in den meisten mir bekannten Fällen bleibt der Traum noch lange Zeit fest im Gedächtnis haften. Träume der Kategorien eins und zwei beinhalten sehr häufig auch sogenannte Unmöglichkeiten. Vielleicht ist Dr. Halls Behauptung, Träume seien halluzinatorisch und nicht real, angesichts solcher Träume irgendwie sogar verständlich. Ohne Zweifel sind Träume, in denen zeitlich oder räumlich unmögliche Ereignise stattfinden, Halluzinationen; parapsychische Träume und außerkörperliche Erlebnisse laufen aber nach unseren Begriffen fast immer völlig logisch ab und werden vom Träumenden scharf und klar empfangen, was bei den ersten beiden Traumtypen nicht der Fall ist.

Alle vier Kategorien haben zwar einen gemeinsamen Nenner, nämlich den Traumzustand, die ersten beiden sind jedoch wirr und enthalten häufig sehr undeutliche Informationsfetzen, während letztere fast immer vollständige Botschaften und Ereignisse beinhalten und frei vom phantastischen und verwirrenden Abschweifungen sind, die so häufig in den ersten beiden Traumkategorien vorkommen. Natürlich gibt es auch Fälle, in denen sich die Kategorien vermischen, und es kann durchaus sein, daß echtes parapsychisches Material von rein symbolischem Material überlagert wird. Dies geschieht dann, wenn ein Träumender nicht vollkommen entspannt ist oder kein sehr guter Empfänger für Material von außen ist. Ein geschickter Parapsychologe kann aber ohne weiteres feststellen, welcher Teil eigentlich in Kategorie eins oder zwei gehört und bei welchem es sich um authentisches parapsychisches Material handelt.

III.
Symbolische Träume

Als Dr. Sigmund Freud den Wert der Träume für die Beurteilung des menschlichen Gemütszustandes entdeckte, stieß er damit bei seinen Ärztekollegen auf entschiedene Ablehnung. Bis weit ins 19. Jahrhundert hinein war man der Ansicht, Träume würden durch körperliches Unbehagen, ganz selten vielleicht durch einen Gefühlsaufruhr verursacht, ihr Wert als Mittel zur Bestimmung der geistig-seelischen Verfassung eines Menschen war jedoch noch nicht erkannt worden. Leute, die auf die Wichtigkeit der Träume für das Verständnis der Psyche hinwiesen, wurden für gewöhnlich als Quacksalber, Träumer oder einfach als Schwärmer angesehen, die irgendwie die dichterische Vorstellung, daß Träume gelegentlich in Erfüllung gingen, mit den unumstößlichen Fakten der Traumdeutung verwechselt hatten. Erst Dr. Sigmund Freud, der Arzt aus Wien, rückte die Bedeutung der Träume in ein völlig neues Licht. Ich bezeichne Dr. Freud bewußt als Arzt aus Wien, obwohl ihn mit Sicherheit neun von zehn Autoren einen Wiener Arzt nennen. Machten sich diese Herrschaften einmal die Mühe, in einem Wörterbuch nachzuschlagen, so würden sie jedoch feststellen, daß das Adjektiv Wiener gewöhnlich in Zusammenhang mit Backwerk, Liedern oder anderen Produkten der Donaumetropole, einschließlich ihrer Einwohner, gebraucht wird. Dr. Freud, ein Arzt *aus Wien*, stellte nichts weniger als die Theorie auf, daß sich unsere verdrängten Emotionen in Träumen offenbarten und daß die Analyse von Traummaterial sehr wertvoll für das Verständnis der menschlichen Natur sein könne. Wie allgemein bekannt sein dürfte, wurde diese neue Theorie von der Ärzteschaft mit Hohn und Spott aufgenommen und beendete beinahe eine vielversprechende medizinische Karriere. Irgendwie setzte sich Freud jedoch gegen seine Widersacher durch und feierte am Ende einen triumphalen Erfolg.

Der »Vater der Psychoanalyse« war der unbestrittene Meister des Unbewußten, bis einer seiner vielversprechenden Schüler, Dr. Carl Gustav Jung aus Zürich, die Perspektive beträchtlich veränderte. Er stellte bei Träumen weniger die Sexualsymbolik in den Vordergrund, sondern vielmehr Archetypen, wie er sie nannte, und gab damit dem Verständnis des Menschen durch Träumen ein anderes Fundament. Neben Freud und Jung haben natürlich auch noch andere zur Entwicklung der Psychoanalyse beigetragen, von Adler bis hin zu Reik und von Karen Horney bin hin zu Newman. Es gibt zahllose Bücher, die sich mit den verschiedenen Formen und Schulen der Psychoanalyse beschäftigen, medizinische Texte ebenso wie beispielsweise populärwissenschaftliche Handbücher. Es ist nicht meine Absicht noch steht es mir zu, mich in diesem Buch mit Träumen aus psychoanalytischer Sicht zu befassen. Ich zeige vielmehr einen Alternativweg zum Traumverständnis auf, ohne damit, zumindest in *einigen Fällen*, für den Wegfall herkömmlicher psychoanalytischer Methoden plädieren zu wollen. Was ich anzubieten habe, ist ein vollständiges Bild von der Wichtigkeit menschlicher Träume, ich bin nämlich der Überzeugung, daß bei der psychoanalytischen/psychiatrischen Traumauswertung die parapsychische Komponente unberücksichtigt bleibt, vielleicht deshalb, weil man sich gar nicht darüber im klaren ist, daß eben dieses Element ein Hauptfaktor des Träumens ist und folglich in jede Auswertung von Traummaterial mit einbezogen werden muß, ganz egal, ob sich der Auswerter mit den Erkenntnissen der Parapsychologie identifiziert oder nicht.

Am anderen Ende des Spektrums gibt es eine nicht minder große Zahl sogenannter Zigeunertraumbücher, die gar nicht unbedingt wirklich von Zigeunern geschrieben sind, sondern von Leuten, die es mit ihrer wissenschaftlichen Verantwortung gegenüber einer vernünftigen Traumdeutung nicht gar so ernst nehmen. Häufig überschreiten solche Bücher die Grenze von der Sach- zur Unterhaltungsliteratur. Einige sind amüsant, andere interessant, die meisten sind aber nichts anderes als Makulatur und für ihre Leser völlig wertlos.

Ich bin der Meinung, daß eine leichtfaßliche Zusammenstellung der häufigsten Traumformen mit einer allumfassenden Deutung — einer, die traditionelle Bewertungen ebenso berücksichtigt wie die parapsychische Seite — für Sie, verehrter Leser, durchaus von Nutzen sein kann. Dies veranlaßte mich dazu, das folgende Material zusammenzustellen. Es kann selbstverständlich nicht vollständig sein, denn es gibt so viele Traumvarianten, wie es Menschen gibt. Andererseits steht aber auch fest, daß gewisse Träume nach einem ganz bestimmten Schema ablaufen. Rücken wir das eine oder andere Wort, Symbol oder Bild zurecht, so können wir zu einer gewissen Kategorisierung kommen und brauchbare Ergebnisse erzielen, selbst wenn das jeweilige Traummaterial nicht unbedingt in eine bestimmte Kategorie einzuordnen ist.

Natürlich gibt es auch Grauzonen, Material, das zwischen der einen und anderen Traumkategorie oder -klasse liegt. Will man in einem solchen Fall überhaupt zu einem Ergebnis kommen, muß man mehrere Kategorien durchgehen. Es gibt keine festen Richtlinien für die Auswertung von Traummaterial, denn wenn verschiedene Leute *ähnliche* Träume haben, so kann es durchaus sein, daß diese Träume etwas *anderes* bedeuten. Ich bin leider noch immer nicht überzeugt, daß Träume für alle Träumenden immer dieselbe Bedeutung haben; selbst bei identischen ist das nicht der Fall. Wenn Träumen oder Schlafen, wie ich bereits ausgeführt habe, nur ein Bewußtseinszustand und keine Aktion an sich ist, dann kann man bei *identischen* Traumerlebnissen sehr wohl zu *verschiedenen* Ergebnissen kommen, und jegliche Pauschalbeurteilung wird unmöglich.

Trotz all dieser Einschränkungen biete ich das folgende Material in der Hoffnung an, es möge zumindest für einige nutzbringend sein.

Begräbnisse

Ebenso wie Träume vom Tod oder vom Besuch Verstorbener sind auch Träume von Begräbnissen nicht unbedingt so zu verstehen, daß demnächst jemand zu Grabe getragen wird. Wenn der Begräbnistraum nicht parapsychischer Natur ist, wenn er also keine Hinweise auf das unmittelbar bevorstehende Ableben eines ganz bestimmten Menschen enthält, sondern bloß ein Traum von Begräbnissen *ganz allgemein* ist, so symbolisiert er die Furcht des Träumenden vor dem Lebensende, Depressionen, ja vielleicht sogar das unbewußte Verlangen, die physische Welt durch die Pforte des Todes zu verlassen, um so dem Lebenskampf zu entfliehen.

Besuche

Kommen im Traum unerwartete Verwandte oder Freunde zu Besuch, so heißt das nicht unbedingt, daß damit am folgenden Tag oder in der nahen Zukunft tatsächlich zu rechnen ist. Einige dieser Träume sind ohne Zweifel präkognitiver Natur, besonders dann, wenn der Träumende den Besucher einwandfrei ausmachen kann und wenn er sich an den Traum nach dem Aufstehen noch deutlich erinnert. Die meisten Träume scheinen jedoch auf etwas anderes hinzuweisen: der Träumende möchte Besuch bekommen, weil er sich einsam fühlt, und er stellt im Traum eine Verbindung zu anderen, Verwandten und Freunden, her, die er im Leben aus irgendwelchen Gründen nicht herstellen kann.

Bewegungsunfähigkeit

Dieser Angsttraum, in dem sich der Träumende bewegen will, jedoch feststellen muß, daß er gelähmt ist, zeigt seine unterdrückte Furcht davor auf, sein Ziel nicht erreichen zu können; er hat Angst, daß er den Anschluß verpaßt oder daß seine Leistungen von seinen Vorgesetzten nicht anerkannt werden. Die für diesen Angsttraum charakteristische Bewegungsunfähigkeit weist auf die unbewußte Angst des Träumenden hin, nicht den richtigen Schritt tun zu können.

Briefe

Sehr häufig erhalten Menschen im Traum einen Brief, der eine meist unerwartete Nachricht enthält. Manche dieser Träume sind präkognitiver Natur, es kommt also tatsächlich am folgenden Tag oder später ein Brief, die meisten haben jedoch keinerlei präkognitive Bedeutung und müssen symbolisch gedeutet werden. Sie beweisen, daß der Träumende unbewußt auf eine Nachricht wartet, die seine Situation verändert. Der Brief steht stellvertretend für irgendein Ereignis, für irgendeine Nachricht, die seine Lage verbessern soll.

Chef zu Besuch

Ein Traum, in dem der Chef unerwartet zu Besuch kommt, bedeutet zweierlei: Zum einen ist er ein Hinweis darauf, daß ein derartiger Gedanke für den Träumenden in wachem Zustand absolut unvorstellbar ist, zum anderen symbolisiert er Furcht davor, der Chef könnte Dinge herausfinden, die ihm nicht gefallen, sollte er den Träumenden zu Hause aufsuchen. Dieser Traumtyp zeigt ein gestörtes Verhältnis zum Arbeitgeber auf, das in Minderwertigkeitsgefühlen begründet sein kann, aber auch in dem Wissen, daß im Beruf nicht alles zum besten steht.

Christus

Ist der Träumende religiös eingestellt, weist eine im Traum erscheinende Vaterfigur, die dem traditionellen Bild Jesu Christi sehr ähnlich sieht, auf das Bedürfnis nach mehr Religiosität hin. Sehen wir von der weithergeholten Annahme ab, daß der leibhaftige Jesus Träumende im Schlaf besucht, was trotzdem nicht völlig auszuschließen ist, dann muß ein derartig illustrer Besuch im Traum symbolische Bedeutung haben. Christus verkörpert die Religiosität des Träumenden, aber auch die Konflikte, die sich für ihn daraus ergeben. Träume, in denen Christus vorkommt, sollten folglich als ein Verlangen nach größerer Identifizierung mit der religiösen Welt, in die man geboren wurde, sowie mit den religiösen Vorstellungen, die man sich zu eigen gemacht hat, und als symbolische Zurückweisung der materielleren Aspekte seiner Vergangenheit gedeutet werden.

Friedhöfe

Entgegen weitverbreiteten Ansichten bedeuten Friedhofsträume nicht, daß der Träumende oder jemand aus seiner Familie bald stirbt. Handelt es sich bei einem solchen Friedhofstraum nicht um einen spezifischen Traum, der parapsychische Elemente enthält, so weist er auf eine unbewußt ausgedrückte Verbindung zu früheren Generationen in der Familie oder im Geburtsland des Träumenden hin. Friedhöfe symbolisieren also nur verhältnismäßig selten den Tod, meist symbolisieren sie die Traditionen der Vergangenheit sowie den Wunsch des Träumenden, mit dem weiterzumachen, was seine Vorfahren begonnen haben. Menschen, die derartige Träume haben, suchen im allgemeinen nach einer Identität in ihrer nationalen oder sogar rassischen Existenz. Friedhofsträume sind keineswegs bedrückend, sondern erinnern an bedeutende Vorfahren.

Geld

Jeder Traum, in dem es um Geld geht — um Hartgeld, Papiergeld, aber auch um einen Brief, der Geld enthält oder ankündigt —, kann zweierlei symbolisieren: Zum einen kann er aufzeigen, daß der Träumende seine Leistungen finanziell honoriert sehen möchte, was momentan nicht der Fall ist, zum anderen kann er ausdrücken, daß der Träumende einige Dinge nicht mehr tun möchte, die er tun muß, um Geld zu verdienen. Entgegen weitverbreiteten Vorstellungen bedeuten Geldträume nicht, daß man in nächster Zeit mit Geld rechnen kann, meiner Meinung nach spiegeln sie lediglich wider, daß sich der Träumende mit diesem Thema beschäftigt. Man sollte Geldträume so verstehen, daß man die Plackerei satt hat und finanziell unabhängig sein möchte, es geht in erster Linie also um die persönliche Freiheit, nicht um die Anhäufung von Reichtümern.

Gesichtsloser Doppelgänger

Gesichtslose Doppelgänger, Männer oder Frauen, die in ganz genau dem gleichen Rhythmus wie der Träumende gehen, jedoch nie so nahe kommen, daß er sie erkennen kann, kommen verhältnismäßig oft in Träumen vor. Der Doppelgänger verkörpert einen Teil des Unbewußten des betreffenden Menschen, den Teil, den er nicht kontrollieren kann. Was auch immer er tut, der gesichtslose Doppelgänger ist zur Stelle, um es mit ihm zu tun, der Träumende ist jedoch nicht in der Lage, die Hand auszustrecken und den Doppelgänger zu berühren oder mit ihm zu verschmelzen, um so eine Einheit zu bilden. Träume dieser Art weisen auf fehlende Integration in der Persönlichkeit des Träumenden hin sowie auf seine Unfähigkeit, mit momentanen Problemen unter voller Ausnützung seines Ich in all seinen Aspekten und mit all seinen Möglichkeiten fertig zu werden.

Gott

Ebenso wie Träume, in denen Jesus Christus erscheint, drücken auch Träume, in denen Gott erscheint, den Wunsch des Träumenden nach einem religiös überhöhten väterlichen Schutz aus. Gott soll die ungerechte Situation des Träumenden korrigieren und ihm die Gerechtigkeit zuteil werden lassen, die er auf der Welt vermißt. Träume dieser Art bedeuten nicht unbedingt, daß der Träumende demnächst vor Gottes Thron gerufen wird, sie bedeuten vielmehr, daß sich der Träumende an Gott wendet, um eine Verbesserung seiner tatsächlichen Situation zu erbitten, was gleichzeitig eine Festigung seiner Gläubigkeit bedeutet. Es handelt sich also um sehr positive Träume.

Hochzeiten

Träume von Hochzeiten bedeuten nicht unbedingt, daß der Träumende heiraten wird, denn auch viele Verheiratete träumen von Hochzeiten. Die Symbolik des Hochzeittraumes liegt in der Freude, die Hochzeiten vermitteln, die meisten Ehen sind ja zumindest anfangs eine Quelle der Freude, und sollte so gesehen werden, daß der Träumende in seinem Unbewußten Gemeinsamkeit anstrebt, bessere Beziehungen zu seinem Ehe- oder Geschäftspartner haben möchte und geliebt und respektiert werden will. Ab und zu träumen Leute in allen Einzelheiten von Hochzeiten, bekommen sogar das Datum vermittelt, und diese Hochzeiten finden dann auch tatsächlich statt; solche Träume sind natürlich parapsychischer Natur.

Laufen auf der Stelle

Häufig versuchen Menschen im Traum verzweifelt zu laufen, vermutlich um einer unsichtbaren oder unbekannten Gefahr zu entrinnen, sie können sich jedoch nicht von der Stelle bewegen. Ein derartiger Angsttraum symbolisiert die unterdrückte Furcht davor, sich einer unangenehmen Situation trotz aller Anstrengungen nicht entziehen zu können, und zeigt, daß der Träumende unfähig ist, sich realistisch auf bestimmte Situationen in seinem Leben vorzubereiten oder daß er eine Lage nicht meistern kann und ihr deshalb entfliehen will.

Loch in der Erde

Ein Loch in der Erde zeigt in den meisten Fällen auf, daß der Träumende Existensangst hat, daß er sich davor fürchtet, auf unerwartete Hindernisse zu stoßen oder in unerwarteten Schwierigkeiten zu versinken. Es symbolisiert also die Unfähigkeit des Träumenden, sich auf Unwägbarkeiten auf der Straße zum Erfolg einzustellen.

Schiffe

Träume von Schiffen haben sowohl einen symbolischen als auch einen direkten Bezug: In vielen Kulturkreisen verkörpern Schiffe das Glück, besonders solche, die mit geblähten Segeln vor dem Wind fahren. Träumt also jemand von Schiffen, so wünscht er sich im Unbewußten mehr Glück, er möchte, daß etwas eintritt, was sein Leben positiv verändert. Da Schiffe nur eine verhältnismäßig geringe Geschwindigkeit erreichen, kann ein Traum, in dem ein Schiff, besonders ein Segelschiff, vorkommt, aber auch bedeuten, daß der Träumende vorwärtskommen möchte, und sei es auch noch so langsam.

Nacktheit, peinliche

Befindet sich ein Träumender in der für ihn peinlichen Situation, nackt unter Angezogenen zu sein, so muß diese Furcht vor dem Nacktsein symbolisch gesehen werden. Nacktheit spiegelt in diesem Fall Hilflosigkeit in der Gesellschaft Einflußreicher wider. Ab und zu kann sie aber auch Ausdruck der Unzufriedenheit mit dem eigenen körperlichen Erscheinungsbild sein.

Schildkröten

Im Osten bedeuten Träume von Schildkröten schon immer ein langes Leben, denn im Chinesischen und Japanischen ist das Schriftzeichen für Schildkröte mit dem für 10 000 Jahre identisch. Darüber hinaus verkörpern Schildkröten aber auch deshalb Langlebigkeit, weil sie sich so langsam bewegen und so robust sind. Sie können mit den verschiedensten Widrigkeiten fertig werden und erreichen ein hohes Alter, nicht unbedingt 10 000 Jahre, jedoch einige hundert. Träume von Schildkröten bedeuten auch schon immer Glück. Das ist der Grund dafür, daß Schildkröten auf Medaillons und anderen Schmuckstücken als Glücksbringer abgebildet sind.

Schlangen

Träume, in denen Schlangen, vor allem Giftschlangen, vorkommen, sind Angstträume, die ausdrücken, daß sich der Träumende bedroht fühlt und keinen Ausweg sieht. Die Schlange verkörpert in solch einem Fall einen gerissenen Widersacher, dem sich der Träumende nicht gewachsen glaubt. Schlangenträume spiegeln außerdem die Furcht des Träumenden vor allem Unberechenbaren wider.

Schmetterlinge

Ebenso wie Vögel spielten auch Schmetterlinge in der dichterischen Phantasiewelt des Altertums eine besondere Rolle. Schmetterlingsträume drücken den Wunsch des Träumenden aus, sich ohne Hast und nach Herzenslust in Gottes freier Natur zu bewegen, sowie seine Sehnsucht nach einem Leben in Schönheit, das frei ist von den Härten des Alltags, beispielsweise von der Notwendigkeit des Broterwerbs. Sie sind also Audruck des Strebens nach mehr Freiheit.

Schulbesuch, erneuter

Häufig träumen Erwachsene davon, plötzlich wieder in die Schule zu gehen, obwohl ihre Schulzeit in vielen Fällen schon Jahre zurückliegt. Sie meinen, bestimmte Leistungen erbringen und bestimmte Regeln befolgen zu müssen, was sie in Angst versetzt. Träume dieser Art zeigen auf, daß am Arbeitsplatz oder im Beruf etwas nicht so ist, wie es eigentlich sein sollte. Der Träumende überträgt also eine reale Situation auf seine verflossene Schulzeit.

Sexualträume

Die umstrittenste (aber auch die interessanteste) Symbolik ist die der verschiedenen Sexualträume, die keineswegs immer vordergründig gesehen werden dürfen.

Träumen Sie davon, mit einem begehrenswerten Partner intime Beziehungen zu haben, so hängt die Bedeutung dieses Traumes von realen Gegebenheiten ab. Wenn Sie Ihren Partner kennen, mit ihm wahrscheinlich aber niemals intim sein werden, so handelt es sich um einen Wunschtraum, der trotz seines optimistischen Inhalts leicht zu Depressionen führen kann.

Ist Ihnen Ihr Partner im Traum unbekannt oder können Sie

ihn nicht erkennen, so spiegelt dies Unzufriedenheit mit Ihrem Sexualleben wider. Durch einen Traum, der Sie als weit besseren Sexualpartner zeigt, als Sie dies Ihrer Meinung nach in Wirklichkeit sind, wird offenkundig, daß Sie sich in sexuellen Dingen unsicher fühlen. Sie kompensieren im Traumzustand all das, wozu Sie sich im Wachzustand außerstande sehen.

Enthalten Ihre Träume Extreme wie beispielsweise Orgien, sadomasochistische Elemente oder andere sexuelle Ausschweifungen, so müssen Sie eine Deutung in Ihrer sexuellen Veranlagung suchen, die Ihnen zum Teil vielleicht gar nicht einmal bewußt ist. Sie erfahren von Ihrem Unbewußten etwas über sich, was Sie nicht wissen oder nicht wissen *wollen*.

Sexualträume können so real und plastisch sein, daß sie zum Orgasmus führen; trotzdem sind sie weniger aufschlußreich als sexuelle Phantasien im Wachzustand, sie sind eher Geschichten aus zweiter Hand als unmittelbare Erlebnisse.

Es gibt natürlich auch Sexualträume, die nicht so deutlich und direkt wie die eben erwähnten sind, sie sind symbolisch verschlüsselt und werden (vom Unbewußten) durch entsprechende Bilder ausgedrückt. Es ist dies eine Form der Verhüllung, etwa so, wie wenn ein vornehmer Mensch davon spricht, sich »die Hände waschen« zu wollen, obwohl er in Wirklichkeit auf die Toilette geht.

Träume, in denen Schlangen eine wichtige Rolle spielen, drükken den Wunsch einer Frau aus, von einem männlichen Partner begehrt zu werden; Träume, in denen Kreise, runde Gegenstände, Früchte, Bälle oder andere kugelförmige Gegenstände vorkommen, sind oft ein Hinweis darauf, daß ein Mann von einer Frau begehrt werden möchte.

Wird ein Träumender von jemanden (für gewöhnlich vom anderen Geschlecht) überwältigt, so tut er damit seinen geheimen Wunsch kund, erobert zu werden.

Viele Leute denken sich nichts dabei, sich frei und offen über ihre sexuellen Gelüste zu äußern, und sie tun dies in einer Sprache, die gemeinhin als vulgär oder zumindest als lasziv gilt. Auch andere würden sich gerne so ausdrücken, sie werden jedoch durch ihre Erziehung oder durch ihre charakterliche Veranlagung daran gehindert und tun es folglich im Traumzustand. In einem solchen Traum tut oder sagt der Träumende in der Regel Dinge, die er im Wachzustand niemals tun oder sagen würde, und er ist häufig schockiert, weil ihm dies wesensfremd ist, was natürlich gar nicht stimmt. Träumen Menschen, die normalerweise sehr gehemmt oder konservativ sind, ganz konkret von Geschlechtsverkehr, so weist das darauf hin, daß sie im Konflikt mit sich selbst sind, und es kann durchaus sein, daß sie aufgrund solcher Träume zu einer freieren Einstellung gegenüber sexuellen Dingen kommen.

Sexuelle Beziehungen, die normalerweise als unstatthaft gelten (beispielsweise Inzest, Verkehr mit Minderjährigen, Homosexualität, Sodomie), spiegeln nicht unbedingt eine »kranke« Psyche wider. Dahinter kann sich ohne weiteres der Wunsch nach einer ganz normalen Veränderung im Sexualbereich verbergen, der sich nur deshalb so übertrieben äußert, weil er die Aufmerksamkeit des Bewußtseins auf sich lenken will.

In einer weiteren Traumkategorie sexualisiert der Träumende ganz normale Dinge wie z.B. Gebäude, Autos und Juwelen. Er drückt damit aus, daß er nach einer stärkeren sexuellen Identität sucht, daß er sich aber von der Gesellschaft, von der Kirche, von der vorherrschenden Moral und von anderen Faktoren daran gehindert sieht, seine wahren Wünsche zum Ausdruck zu bringen.

Schließlich gibt es auch noch Sexualträume, in denen überdimensionierte Geschlechtsorgane vorkommen. Sie zeigen auf, daß der Träumende Minderwertigkeitskomplexe hat, die er auf diese Weise kompensiert.

Bei normalen, ausgeglichenen Menschen sind Sexualträume entspannend und wohltuend, sie sind nicht anderes als Fortsetzungen von und Vorgriffe auf reale Lebenssituationen.

Träume von Geschlechtsorganen, Geschlechtsverkehr, Nacktheit etc. sind natürlich in keiner Weise schlimm oder im religiösen Sinn »sündhaft«; hat jemand keine solchen Träume, so beweist er damit, daß er kein Interesse an natürlichen Beziehungen hat, und es besteht die Wahrscheinlichkeit, daß diese Verdrängung anderswo kompensiert wird.

Sturz aus großer Höhe

Ein Sturz aus großer Höhe bedeutet fast immer das Ende eines außerkörperlichen Projektionstraumes, eines außerkörperlichen Erlebnisses. Gelegentlich kann jedoch ein Sturz aus großer Höhe, besonders dann, wenn der Träumende *konkret* von einem Berggipfel oder einem anderen hochgelegenen Punkt stürzt, auch auf etwas anderes hinweisen, beispielsweise auf Höhenangst, Akrophobie, oder auf einen Hemmfaktor in der Persönlichkeit des Träumenden, der es ihm unmöglich macht, sein Ziel zu erreichen. In letzterem Fall symbolisiert der Sturz aus großer Höhe, daß der Träumende davor Angst hat, kurz vor Erreichen eines hochgesteckten Ziels zu straucheln, und daß es ihm an Selbstvertrauen mangelt.

Tiere, sprechende

Sprechen Hunde oder Katzen im Traum, so weist dies auf unausgedrückte Gefühle solchen Tieren gegenüber hin. Aus naheliegenden Gründen haben natürlich vor allem Tierhalter derartige Träume. In den meisten Fällen wird auf diese Weise eine Meinung, die eigentlich ein Mensch äußern müßte, einem Tier in den Mund gelegt, wodurch sie wundersam wird, wodurch man aber auch gleichzeitig über ihr steht. Spräche ein Mensch den gleichen Satz, so müßte man ihm antworten, spricht jedoch ein Tier, so tut es dies, um seinem Halter einen Dienst zu erweisen, und man ist nicht im gleichen Maße dafür verantwortlich.

Tod als Person

Träumt jemand vom Tod als Person, wobei es keine Rolle spielt, ob ihm dieser als das herkömmliche Skelett, als der Mann in Schwarz oder als ein Todesengel erscheint, so ist das nicht unbedingt so zu verstehen, daß der Träumende oder jemand, der ihm nahesteht, bald stirbt. Weit häufiger muß ein solcher Traum symbolisch gedeutet werden: im Leben des Träumenden geht etwas seinem Ende zu, wovor dieser Angst hat und wogegen sich sein bewußtes Ich sträubt.

Unfälle

Träumen Sie davon, daß Ihnen ein Unfall zustößt, so kann es sich dabei um einen parapsychischen Warntraum handeln, und Sie sollten entsprechend vorsichtig sein. Unfallträume können jedoch auch durch Ängste, Befürchtungen und Unsicherheit ausgelöst werden, beispielsweise dann, wenn der Träumende meint, ein schlechter Autofahrer zu sein, wenn er sich davor fürchtet, die Straße zu überqueren, oder wenn er glaubt, seine Bewegungen nicht voll unter Kontrolle zu haben. Handelt es sich bei einem Unfalltraum also nicht um eine parapsychisch übermittelte Warnung, so spiegelt er eine angeborene Furcht vor der eigenen Ungeschicklichkeit sowie mangelndes Vertrauen zu der eigenen körperlichen Koordination wider.

Vögel

Fast alle Kulturkreise widmeten Träumen, in denen Vögel — einzeln oder in ganzen Schwärmen — vorkamen, besondere Aufmerksamkeit. Vögel galten gleichzeitig als glückbringend und prophetisch, und die Römer waren sehr stark an der Zahl der im Traum vorkommenden Vögel interessiert, an der Richtung, aus der sie kamen oder in die sie flogen, ja sogar an dem

Winkel, in dem sich der Vogel auf die Erde niederließ, falls er dies im Traum tat. Wenn der Träumende diese alten Deutungen nicht kennt und sich mit ihnen nicht identifiziert, würde ich meinen, daß Vogelträume nichts anderes als das unbewußte Verlangen verkörpern, »frei wie ein Vogel« zu sein, sich in die Luft erheben und sehr schnell fliegen zu können. Solche Träume zeigen auf, daß der Träumende mit seiner gegenwärtigen Situation absolut nicht zufrieden ist und sich darüber ärgert, daß er sich nicht so frei bewegen kann, wie er dies unbewußt will.

Verstorbene

Ein Aberglaube, der jeder Grundlage entbehrt, betrifft den Besuch von verstorbenen Verwandten oder Freunden im Traum. In einigen ost- und südeuropäischen Kulturkreisen glaubte man, der Träumende oder jemand aus seiner unmittelbaren Umgebung werde von dem verstorbenen Besucher bald zu sich geholt, und der Besuch diene dazu, den Träumenden mit seinem bevorstehenden Geschick vertraut zu machen und ihn darauf vorzubereiten. So interpretiert, passen diese Träume zu der irischen Vorstellung von der Banshee sowie zu ähnlichen Vorstellungen von Todesboten (beispielsweise Amseln und unerklärlichen lauten Geräuschen an der Tür oder am Fenster) in anderen Kulturen. Handelt es sich nicht um einen parapsychischen Traum, so symbolisiert das Erscheinen von Verstorbenen jedoch, daß der Träumende mit ihnen eine Verbindung wiederherstellen möchte, wenn es sich um Verwandte oder enge Freunde handelt, und daß er sich mit seiner realistischen Welt nicht abfindet. Ein weiterer Grund für das Auftreten von Verstorbenen in solchen Träumen mag auch darin zu suchen sein, daß der Träumende unter den Lebenden nicht genügend Freunde hat oder bei seinen Mitmenschen nicht genügend Anerkennung findet. Ein Großteil dieser Träume beinhaltet jedoch ohne Zweifel parapsychische Kommunikationen.

Wüste, allein in der

In einem häufigen Angsttraum sieht sich der Träumende allein in der Wüste, gewöhnlich ohne Wasser. Er versucht zu fliehen oder Hilfe zu bekommen. Ein solcher Traum symbolisiert die Einsamkeit des Träumenden und seine Enttäuschung darüber, daß sich niemand um ihn kümmert; er versucht Kontakt zu bekommen, muß aber feststellen, daß er sich unter seinen Mitmenschen in einer Wüste von Desinteresse befindet.

Zahlen

Von Träumen, in denen konkrete Zahlen vorkommen, geht schon seit jeher eine besondere Faszination aus, denn die meisten Menschen meinen, ihnen werde auf diese Weise von »oben« gezeigt, wie sie zu einem Geldgewinn kommen könnten. Erinnern sie sich an die Zahlen, von denen sie geträumt haben, so besteht ihre erste Reaktion darin, sie beispielsweise auf einem Lottoschein anzukreuzen. Ein Erfolg stellt sich allerdings nur selten ein. Träumt man nicht von einer ganz bestimmten Zahl, mit der man sofort irgendwelche Dinge in Verbindung bringt, so symbolisieren Zahlenträume häufig den Vorgang des Zählens, in anderen Worten eine Systematisierung des Lebens, eine Bestandsaufnahme. Natürlich können Zahlen auch auf Daten hinweisen, und es ist fast möglich, eine allgemein verbindliche Deutung derartiger Träume zu geben. Nur ein ganz geringer Prozentsatz ist parapsychischer Natur. Erinnern Sie sich an Träume, in denen es um Zahlen ging, dann sollten Sie an deren generelle Bedeutung denken. Versuchen Sie nicht, etwas in sie hineinzuinterpretieren, denn Träume dieser Art haben in den meisten Fällen lediglich den symbolischen Vorgang des Zählens und Numerierens zum Inhalt.

Züge und Autos

Sehr häufig kommen in Träumen Züge vor, das heißt, ein Träumender verpaßt einen Zug oder ein Auto und läuft hinterher oder er steigt ein, kann aber an der richtigen Haltestelle nicht wieder aussteigen. Ein derartiger Angsttraum kann eine echte Tortur sein; der Träumende läuft hinter dem abfahrenden Zug her oder er steigt ein, und sein Gepäck bleibt zurück, oder er kann am Ziel seiner Reise nicht aussteigen, weil die Türen verriegelt sind oder weil er sich nicht rechtzeitig fertig gemacht hat. Träume dieser Art sind verhältnismäßig einfach zu analysieren: Züge (und mit Abstrichen auch Autos) verkörpern das Leben und die Bewegung, den Fortschritt und den Ablauf der Zeit; der Träumende, der Angst davor hat, den Zug zu verpassen oder nicht rechtzeitig aussteigen zu können, verrät damit, daß er seine Position im Strom des Lebens nicht genau kennt und daß er sich unbewußt über seine eigenen Ziele gar nicht im klaren ist. Leute mit derartigen Träumen sollten ihre Position sowie ihre beruflichen Fähigkeiten mit Bezug auf ihre erbrachten Leistungen und ihre Zukunftsaussichten realistisch überprüfen und sie den Gegebenheiten anpassen.

IV.
Echte parapsychische Träume

Ein parapsychischer Traum ist ein Traum, in dem Material aus äußeren oder inneren Quellen empfangen wird, die normalerweise im Zustand des Bewußtseins nicht aktiv sind. Einfacher ausgedrückt heißt das, daß der Träumende in parapsychischen Träumen Informationen — Botschaften, Warnungen und andere Mitteilungen — von Menschen erhält, die sich außerhalb seines Bewußtseins befinden, oder daß solche Träume Material enthalten können, das dem Träumenden aufgrund seiner medialen Fähigkeiten zugänglich wird, die er sich für gewöhnlich im Wachzustand nicht zunutze macht. Dieser arg vernachlässigte Aspekt des Träumens ist das Hauptthema des vorliegenden Buches. Obwohl es auf diesem Gebiet quantitativ und auch qualitativ wirklich genügend Beweismaterial gibt, hat bisher nur verhältnismäßig wenig davon Eingang in die angeblich maßgebenden Werke über Träume und das Träumen gefunden, die zur Zeit als Lehrbücher verwendet werden.

In seinem Buch *Träume*, das 1965 auf den Markt kam, widmet Norman MacKenzie den paranormalen Träumen als solchen lediglich ein paar dürftige Seiten. Er holt u.a. den Traum Abraham Lincolns aus der Schublade hervor, in dem dieser seinen Tod vorhersah, sowie den Traum, den Bischof Joseph Lanyi von der Ermordung des Erzherzogs Franz Ferdinand im Jahre 1914 hatte. MacKenzie schreibt: »Die Schwierigkeit liegt darin, daß dieser Traumaspekt faszinierend wie kein anderer ist, sich aber auch wie kein anderer jeder systematischen Erforschung entzieht. Es mag nicht unmöglich sein, ernstzunehmende Experimente zu ersinnen, um das Ausmaß und den Charakter solcher Träume zu testen, dies ist jedoch sehr schwierig, und derartige Experimente stecken noch in den ersten Anfängen.« Norman

MacKenzie ist kein Arzt, er arbeitet hauptsächlich als Journalist, hat aber bereits in England und in den Staaten Soziologie gelehrt. Wenn ein gebildeter Autor 1965 behauptet, die »Experimente stecken noch in den ersten Anfängen«, so zeigt das eigentlich nur, wie wenig er von Parapsychologie weiß und wie wenig er sie versteht. Mitte der sechziger Jahre waren von der Duke University und anderen Forschungszentren bereits Berge von Material gesammelt worden, Professor Hornell Hart hatte schon seine berühmten Traumexperimente durchgeführt und publiziert, und das Material war allen Interessenten jederzeit zugänglich. Professor Harts Traumexperimente bestanden in einer methodischen Untersuchung der Traumgewohnheiten von 300 Studenten. Von den Teilnehmern wurde verlangt, daß sie sich in regelmäßigen Abständen wecken ließen und ihre Traumerlebnisse aufschrieben. Die Ergebnisse führten Professor Hart später zu der Erkenntnis, daß ein Großteil der Träume, in denen sogenannte Verstorbene erscheinen, real sei, und daß diese Erscheinungen das seien, was sie zu sein behaupteten, nämlich die Geister von Verstorbenen.

In der New Yorker *News* vom 2. November 1969 befaßte sich George Nobbe pseudowissenschaftlich mit dem damaligen Stand der Traumforschung. Zu dieser Zeit fungierte das *Central Premonitions Bureau* in New York City, dem R.B. Nelson vorstand, als Sammelstelle für paranormale Träume. Auch meine eigene Organisation, das 1962 gegründete *New York Committee for the Investigation of Paranormal Occurrences*, hatte bereits eine beträchtliche Zahl derartiger Träume zusammengetragen. Nelson unterhielt sein Material in 11 Kategorien, von Tod und Unglück, Nachrichten, prominenten Persönlichkeiten, Naturkatastrophen, Krieg, Weltraum, Politik etc. bis hin zu einer eigenen Kategorie für die Kennedy-Familie. Das ist natürlich keine wissenschaftliche Methode, sondern lediglich ein zweckdienliches Arrangement. Es werden aber dennoch einige beeindruckende Fälle aufgeführt, so beispielsweise der Traum einer Dame aus Kalifornien, demzufolge die Vereinigten Staaten irgendwo in Südkalifornien von einem fremden Land angegriffen würden. So unglaublich und unwahrscheinlich dieser Traum auch war, ein paar Tage später nahm im Pazifischen Ozean in der Nähe von San Diego ein mexikanisches Schiff einen amerikanischen Thunfischkutter unter Beschuß. In einem weiteren Traum, der Nelsons Organisation übermittelt wurde, ging es um eine Erkrankung an Bord des Raumfahrzeugs *Apollo 7* sowie um Schwierigkeiten bei der Landung. Tatsächlich wasserte die Kapsel kopfüber im Pazifik, und die Besatzung war erkältet. Statt sich mit der jüngsten Erforschung paranormaler Träume auseinanderzusetzen, zitiert Nobbe in seinem Artikel Dr. Stanley Krippner vom Maimonides Hospital sowie einen Aufsatz aus dessen Feder in der *Psychoanalytic Review*: »Die im Maimonides Medical Center gesammelten paranormalen Traumdaten beinhalten mehrer Fälle von Präkognition.«

In ihrem kürzlich erschienenen Werk mit dem Titel *ESP and Dream Analysis* beginnt Katherine Cover Sabin System in das weite Feld des parapsychischen Traummaterials hineinzubringen. »Die von Freud entdeckten psychologischen Traumfaktoren schließen die Präkognition in Träumen nicht aus; durch die Traumpsychologie läßt sich sogar oft der parapsychologische Inhalt erst richtig erkennen. Träume können realistisch oder symbolisch wahr sein. Medial begabte Menschen empfangen eher verständliches prädiktives Material als medial nicht begabte Menschen, deren Träume für gewöhnlich symbolisch verschlüsselt sind. Medial Begabte sollten sich aber ebenso wie medial nicht Begabte mit Traumsymbolen auseinandersetzen, weil parapsychologisches Material in den allermeisten Fällen symbolisch übermitelt wird.«

Das stimmt nur zum Teil. Eine beeindruckende Zahl von Träumen enhält keinerlei Symbolik, sondern zeigt Ereignisse im Leben des Träumenden oder irgendeines anderen Menschen auf, die sich noch nicht abgespielt haben, die aber schließlich in allen Einzelheiten so eintreffen, wie sie im Traumzustand vorhergesehen wurden. Es ist nicht ungefährlich, symbolisches Traummaterial mit Präkognition gleichzusetzen: Wenn es erforderlich wird, symbolisches Material zu interpretieren, um einen eindeutigen Hinweis auf zukünftige Ereignisse zu bekommen, kann der konservative oder orthodoxe Psychiater mir Recht einwenden, *seine* Deutung sei mindestens genauso stichhaltig, wenn nicht sogar stichhaltiger. Glücklicherweise ist der weitaus überwiegende Teil aller Träume »klar«, frei von jedem symbolischen Beiwerk sowie für Experten und Laien gleichermaßen sofort verständlich.

»Die Zukunft ist nicht unabänderlich vorherbestimmt. Kennen wir ihre Tendenz, so können wir oft Gefahren aus dem Weg gehen oder es eröffnen sich uns neue Perspektiven«, fährt Miss Sabin fort. Ihrer Meinung nach gibt es vier Schlüssel zum parapsychologischen Trauminhalt, nämlich feste Symbole, Assoziationen, Wortspiele und Verschlüsselungen ohne feste Zuordnungsmöglichkeit. Miss Sabin steht damit weit über der reinen Psychoanalyse, noch dazu, da sie selbst ein professionelles Medium ist und die Existenz der Geister von Verstorbenen akzeptiert. Aber auch sie wendet noch psychiatrische Methoden auf Material an, das sich häufig nur schwer kategorisieren läßt, weil sehr viele Träume ausschließlich in Zusammenhang mit dem Träumenden gesehen werden müssen. Miss Sabin hat spezielle Karten entwickelt, die sie mit Hilfe von Computern zur Traumdeutung einsetzt. Wie schon aus dem Titel ihres Buchs hervorgeht, befaßt sie sich in erster Linie mit dem ASW-Inhalt von Träumen. ASW-Träume machen jedoch nur einen Teil der paranormalen Träume aus.

Das Beweismaterial, das wir den medialen Fähigkeiten des schon längst verstorbenen Edgar Cayce aus Virginia Beach, Virginia, verdanken, ist so beeindruckend, daß wir uns im Rahmen einer vernünftigen Auseinandersetzung mit parapsychischen Träumen auch mit seinen Ansichten über diese Träume beschäftigen sollten. In seinem kürzlich erschienenen Buch *Edgar Cayce on Dreams* stellte Dr. Harmon H. Bro im Zusammenhang mit Zukunftsträumen fest: »Cayce vertrat die Ansicht, daß dem Träumenden nicht nur geschäftliche Einzelheiten im voraus übermittelt würden, sondern daß alles, was objektive Realität werde, zuerst einmal geträumt werde. Er meinte damit natürlich wichtige Entwicklungen, die sich aus den Zielrichtungen und den Gewohnheiten des jeweiligen Lebensabschnitts oder des gesamten Lebens ergaben.« Cayce lehrte auch andere, wie man sozusagen konstruktiv träumt und sich beim Erwachen an seine Träume erinnert. In einem anderen Werk, das den Titel *Dreams in the Life of Prayer* trägt, sagt Dr. Bro: »In der Hypnose betonte Cayce stets, jeder normale Mensch könne und solle lernen, sich an seine Träume zu erinnern, um sie zu untersuchen und seinem täglichen Leben nutzbar zu machen.« Wie Dr. Bro bemerkt, stellte sich bei späteren Traumuntersuchungen im Laboratorium heraus, daß einige Testpersonen unter Hypnose ihre eigenen Träume erstaunlich gut deuten konnten. »Hätte Cayce einige Jahrzehnte später gewirkt, so hätte sich wahrscheinlich die Wissenschaft mit seiner Fähigkeit beschäftigt, in der Hypnose seine eigenen Träume, ja sogar die anderer zu deuten.«

Leider segnete Cayce schon 1945 das Zeitliche, als die wissenschaftlich genutzte Hypnose noch in den Kinderschuhen steckte. Ebenso wie die Psychoanalytiker Jungscher Prägung glaubte auch Cayce, man sollte nicht Einzelträume untersuchen, sondern ganze Traumfolgen. Da er nie für sich in Anspruch nahm, der Urheber dessen zu sein, was er sagte, muß seine Methode einer »Quelle« zugeschrieben werden, die sich durch ihn bemerkbar machte, wenn er in Trance gefallen war. »Bei einer derartigen Auswertung von ganzen Traumfolgen konnte man vorgehen wie jemand, der eine Geheimschrift entziffert: Man konnte die aus der Deutung eines Traumes gewonnenen Erkenntnisse dazu benutzen, um ähnliche Träume auszuloten«, schreibt Dr. Bro. Da aber Cayce (oder seine Quelle) eine eigene Lebensanschauung hatte, müssen natürlich auch seine Ansichten über Träume spezifisch sein und gegen den Hintergrund seiner allgemeinen Denkart gesehen werden.

Cayce vertrat zwar die Meinung, die überwiegende Zahl von Träumen könne und solle am besten vom Träumenden selbst gedeutet werden, sobald dieser dazu in der Lage ist, er trug aber auch sehr viel zur Interpretation fremder Träume bei. »Wenn Cayce in Trance Träume interpretierte«, schreibt Dr. Bro, »so begann er mit ihrer *Funktion*, und diese Funktion trat deutlich auf zweierlei Weise oder in einer Kombination aus beiden zutage. Einige Träume zielten in erster Linie darauf ab, die praktische Effektivität des Träumenden im täglichen Leben zu verbessern; diese problemlösenden Träume waren dem ›Unterbewußten‹ zuzuschreiben, in dem die Gewohnheiten, die Funktionen, der Lebensstil und die unmittelbaren praktischen Probleme des Träumenden lebten. Andere Träume waren ganz eindeutig dazu bestimmt, den Träumenden zu verändern, seine Beziehungen zur Umwelt zu verbessern, sein Selbstwertgefühl zu erhöhen, sein Lebensverständnis zu vertiefen und ihn Gott näherzubringen. Derartige Träume waren vor allem dem ›Überbewußten‹ zuzuschreiben, sie flossen aber zur eigentlichen Traumproduktion über das Unterbewußte in den Bewußtseinsstrom ein. Wiederum andere Träume enthielten Elemente aus den beiden eben genannten Traumarten, sie lösten also Probleme und waren gleichzeitig transformativ. Ein solcher gemischter Inhalt konnte in aufeinanderfolgenden Abschnitten eines Traums oder, noch häufiger, in den Bedeutungsschichten der gleichen Traumsymbole auftreten, wie Freud so stichhaltig nachgewiesen hat. Auf jeden Fall waren Träume ›Antworten‹ auf das Leben des Träumenden.«

Wie dem auch sei, ich habe festgestellt, daß es ganz bestimmte Arten von parapsychischen oder, wenn Ihnen dieser Ausdruck besser gefällt, paranormalen Träumen gibt. Ich habe deshalb das Gebiet der parapsychischen Träume in *sechs Kategorien* unterteilt, die praktisch das gesamte mir aufgrund meiner Forschungen zur Verfügung stehende Traummaterial abdecken: in *prophetische Träume*, in denen zukünftige Ereignisse vorhergesehen oder vorhergesagt werden, in *Warnträume*, in denen zukünftige Ereignisse so dargestellt werden, daß man entsprechende Vorkehrungen treffen kann, in *ASW-Träume*, die entweder telepathisches Material — häufig von simultanen Ereignissen — oder retrokognitives Material beinhalten, wie dies beispielsweise in psychometrischen Träumen der Fall ist, in denen der Träumende ihm unbekannte Ereignisse aus der Vergangenheit erlebt, in *außerkörperliche Erlebnisse*, in denen der Träumende oder vielmehr sein innerer Körper, sein Astralleib, die physische Hülle verläßt und zu Ereignissen oder Orten außerhalb der Persönlichkeit reist, in *Jenseitsträume*, in denen es zu Kommunikationen mit dem Jenseits oder mit Verstorbenen kommt, und schließlich in *Reinkarnationsträume*, in denen der Träumende noch einmal Erlebnisse aus einem anderen Leben hat oder sich an Dinge erinnert, die ihm im Zustand des Bewußtseins nicht bekannt sind.

Träume gelten schon von jeher als wichtig: seit Anbeginn der Menschheit verfolgte man mit Aufmerksamkeit, was der Mensch träumte, die Auswertung war jedoch von Kulturkreis zu Kulturkreis verschieden. Leider machte man keinen Unterschied zwischen rein symbolischen und echten parapsychischen Träumen, und man warf auch noch die außerkörperliche Projektion in denselben Topf. So konnte es nicht ausbleiben, daß man Träumen große Bedeutung beimaß, deren symbolisches Material sich ausschließlich auf den Träumenden bezog und keinerlei Zukunftsbezug hatte. Davon gibt es unzählige Beispiele: in der Bibel und in anderen alten Dokumenten wimmelte es nur so von Interpretationen, bei denen man zwischen dem Traumbild und seiner Bedeutung in der Welt der normalen Realität differenzieren muß.

Dabei gab es so eindeutig parapsychische Träume wie den, den Julius Cäsars Frau Calpurnia hatte. Sie erzählte ihrem Mann am Tag seiner Ermordung, sie habe in der Nacht von einem Mordanschlag auf ihn geträumt und habe sein Bildnis im Senat aus vielen Wunden bluten sehen. Cäsar tat jedoch die Warnung seiner Frau als Hysterie ab und begab sich zum Senat, wo er den Dolchen mehrerer Politiker zum Opfer fiel.

Noch weniger geneigt, die allgemeine Haltung gegenüber Träumen zu akzeptieren, war der Philosoph Cicero, der die Bedeutung von Träumen schlechthin anzweifelte und die Meinung vertrat, die Götter hätten Besseres zu tun, als die Menschen durch etwas so Unzuverlässiges wie Träume zu warnen.

Die Philosophen des Altertums sind den konventionellen Wissenschaftlern von heute zu vergleichen: Aristoteles glaubte nicht an die Möglichkeit, daß übernatürliche Wesen durch Träume mit Menschen in Kontakt seien oder daß sich während des Schlafs — beispielsweise bei der außerkörperlichen Projektion

— die Seele vom Körper lösen könne. Er war zumindest sehr skeptisch. Auf der anderen Seite gab es im alten Griechenland oder im Römischen Reich kaum einen Herrscher von Bedeutung, der sich nicht ständig mit einem Traumdeuter beriet. In der Bibel kommen zahlreiche solcher Episoden vor, angefangen vom wunderbaren Aufstieg Josefs in Ägypten bis hin zu dem Engel, der Josef, dem Vater Jesu, im Traum erschien und ihm mitteilte, er könne nun unbesorgt nach Israel zurückkehren, da Herodes gestorben sei.

Der im 2. Jahrhundert n. Chr. lebende Philosoph Artemidoros stellte fest, »Träume und Visionen werden den Menschen zu ihrem Vorteil und zu ihrer Belehrung eingegeben«, und auf seinem Werk bauen die meisten nachfolgenden Traumbücher auf. Artemidoros machte jedoch klar, daß die Deutung eines Traums weitgehend vom Deuter und weniger vom Träumenden abhänge. Die Psychiatrie und die Psychoanalyse von heute stellen dagegen den Träumenden in den Vordergrund, nicht den Arzt. In ihrem Buch *Dreams* trifft Sandra Shulman eine interessante Feststellung: »Als Artemidoros schrieb, Träume von Exkrementen und Schlamm bedeuten Wohlstand und Reichtum, war er mit dieser Deutung, die übrigens auch im Assyrischen Traumbuch zu finden ist, Freudschen Gedankengängen um fast zwei Jahrtausende voraus.«

Für Artemidoros gab es zwei verschiedene Arten von Träumen: gewöhnliche Träume, die vom körperlich-seelischen Befinden des Träumenden oder seiner Umgebung abhingen, und solche, die sich auf die Zukunft bezogen, also Material oder Symbole beinhalteten, die als Vorhersage auf Ereignisse gedeutet werden konnten.

Großes Gewicht maß man im Altertum den Omen bei, den Vorzeichen, die selbst keineswegs klar waren, sondern die erst gedeutet werden mußten, um für einen einzelnen Menschen oder manchmal auch für eine ganze Gruppe Bedeutung zu erlangen. Bei Omen handelt es sich mehr oder weniger um verhüllte Warnungen vor zukünftigen Dingen, um eine Art Bonus für Leute, die die Zeichen verstehen können und sich diese Fähigkeit zunutze machen. Noch heute vertrauen die Orientalen auf

Omen, und zwar so sehr, daß sie willkürlich Zusammenhänge konstruieren. Natürlich spielen bei der Deutung von Omen nicht nur der Standpunkt des Deuters eine wichtige Rolle, sondern auch seine Ratschläge, die in manchen Fällen dazu beitragen können, daß das Omen Realität wird. Für mich persönlich sind die meisten Omen an den Haaren herbeigezogen, und ich halte die Verbindung zwischen ihnen und tatsächlichen Ereignissen in der Zukunft für äußerst fragwürdig. Es gibt doch zahllose Fälle von eindeutigen Traumvisionen, in denen der Träumende Einzelheiten über zukünftige Geschehnisse erfährt, die es ihm ermöglichen, sich entsprechend einzustellen: Warum sollte es dann notwendig sein, so viele Warnungen durch unverständliche Worte, poetische Sprache, Andeutungen und andere indirekte Kommunikationsformen zu verschleiern? Meiner Meinung nach ist der größte Teil dieses symbolischen Materials nicht objektiv per se, sondern entspringt weitgehend dem Geist des Träumenden. Es gibt beispielsweise Träume vom Fliegen, die einstmals Glück, Wohlstand und Ruhm verhießen, wenn der Träumende sanft landete, stürzte er jedoch ab und verletzte sich, bedeutete der Traum das Gegenteil. Im Fernen Osten glaubte man, es sei wichtig, die Ursache häßlicher Träume zu wissen, weil man so Ängste und Sorgen loswerden könne. Häufig wurden Träume genau gegenteilig interpretiert, träumte man also davon, etwas zu nehmen, so hieß das in Wirklichkeit, man solle etwas geben, träumte man davon, hungrig zu sein, so bedeutete das in Wirklichkeit, daß man mehr als genug gegessen hatte. In der gesamten Alten Welt wurden die Menschen dazu ermutigt, auf dem heiligen Gelände von Tempeln zu schlafen und darauf zu vertrauen, daß die Heilgötter herabstiegen und sie im Schlaf heilen würden. Viele Resultate waren natürlich auf Autosuggestion zurückzuführen, es gab aber auch Fälle, in denen es im Schlaf zu einer psychischen Heilung kam, wie das auch heutzutage noch der Fall ist.

Als das Christentum aufkam, ging viel von dem tiefgehenden Wissen, das sich heidnische Kulturen über die Natur des Menschen angeeignet hatten, entweder verloren oder es wurde von der christlichen Kirche ausgelöscht. Die frühen Christen akzeptierten zwar Träume und waren einverstanden, daß Leute in eigens errichteten Kirchen schliefen, damit ihnen auch auf diese Weise göttliche Lenkung zuteil werde, allmählich wurden Träume jedoch suspekt, weil so viele von ihnen parapsychischer Natur zu sein schienen und deshalb mit Zauberei und dem Okkulten ganz allgemein zu tun hatten. Als die Intoleranz der Kirche gegenüber anderen Religionen zunahm, wurde es gefährlich, Träume öffentlich zu deuten. Das hielt die Leute jedoch nicht davon ab, ihre eigenen Träume zu interpretieren oder sich an »weise Männer oder Frauen« um Hilfe zu wenden. Jegliche Diskussion über Traummaterial in der Öffentlichkeit war jedoch mit der Sanktion einer Verfolgung durch staatliche Stellen bedroht.

Doch schon von allerfrühester Zeit an gab es einen Traumtyp, der selbst dann geduldet wurde, wenn Träume normalerweise tabu waren. Es handelte sich um die Träume des Priesters, des sanktionierten Träumenden, die von diesem anschließend gedeutet wurden. Ein gutes Beispiel ist die Pythia, das Orakel von Delphi, die sich (u. a. durch Einatmen von Schwefeldämpfen aus der Erde) in einen Traumzustand versetzte und danach ihre Träume einzelnen Ratsuchenden deutete, für gewöhnlich gegen ein beträchtliches Honorar. Es muß wohl nicht eigens hervorgehoben werden, daß zahlreiche Träume vieldeutig waren und so den Fortbestand des Orakels sicherten. Selbst im Mittelalter waren Träume von christlichen Führern oder Diskussionen über frühere Träume von Kirchenheiligen möglich, weil man sie auf Gott zurückführte, während die Träume ganz gewöhnlicher Menschen als Werk des Teufels oder von Dämonen galten. Die Unterordnung des Weissagung unter politische Zwänge ist jedoch keineswegs auf die Kirche des Mittelalters beschränkt: Noch in der Zeit vor dem Zweiten Weltkrieg konsultierten die Nazigewaltigen Astrologen und Traumdeuter, die aber ihre Deutungen genau abwägen mußten, um sich nicht den Zorn ihrer Kunden zuzuziehen. Die Religion hat das Traummaterial schon immer für ihre Zwecke benutzt. Träumte jemand von zukünftigen Ereignissen, so war dies ein Akt göttlicher Gnade, durch den ihm die Möglichkeit gegeben wurde, das Ereignis schon vorher zu sehen. Solche parapsychischen Träume galten immer als außergewöhnliches Eingreifen einer gütigen Gottheit zugunsten des Träumenden; schien der Trauminhalt jedoch bestehende Einrichtungen zu bedrohen, so wurde er Dämonen oder dem Teufel höchstpersönlich zugeschrieben.

Erst in allerjüngster Zeit haben kirchliche Traumdeuter die Möglichkeit eingeräumt, daß in Träumen paranormales Material vorkomme, daß Traummaterial von Verstorbenen stamme und nicht das Produkt von übermenschlichen Wesen sei, die eigentlich ins Reich der Religion gehören. Das ist jedoch weitgehend eine Frage der Semantik: Bei Engeln oder Meistern handelt es sich nicht unbedingt um außergewöhnliche Wesen, sondern einfach um besonders befähigte Menschen, die im Lauf der Zeit in höhere Welten vorgedrungen sind. Schließlich bedeutet ›Engel‹ nichts anderes als ›Bote‹, und als ›Meister‹ bezeichnet man jemanden, der eine Kapazität auf seinem Gebiet ist. Die Heiligen der verschiedenen Kirchen sind in Wirklichkeit nichts anderes als Menschen, die aufgrund ihrer Leiden oder aufgrund einer größeren Erleuchtung eine höhere Bewußtseinsstufe erreicht haben und die, weil sie nach ihrem Tod die Ehre der Altäre erreicht haben, als Nothelfer fungieren. Nur für das Volk haben diese Gestalten den Status von Halbgöttern angenommen, von übernatürlichen Persönlichkeiten, die fast so mächtig sind wie die Gottheit selbst.

Natürlich spiegelt ein Traum, in dem Gott eingreift, nicht unbedingt ein wahres Ereignis wider. Ein frommer Christ kann ohne weiteres träumen, Jesus persönlich nehme mit ihm Kontakt auf, um ihm beizustehen. Es ist in solchen Fällen nicht auszuschließen, daß das Traummaterial im Unbewußten der Träumenden vorgeformt und dann in den Traumzustand hineinprojiziert wird. Der Träumende wünscht sich konkret das Auftreten eines Heilands herbei, dieser nimmt jedoch nur im Traumzustand Gestalt an und wird zu einer Art objektiver Realität. Er kann das Ergebnis von projizierten Gedankenformen sein, aber auch eine Fehldeutung eines ähnlichen Bilds, wobei der Träumende die Erscheinung einer anderen Persönlichkeit mit seinem vorgefaßten Bild von Jesus überlagert. Es fällt mir schwer, viele Berichte vom Auftreten Jesu Christi in Träumen zu glauben, nicht etwa, weil ich die Möglichkeit anzweifle, daß Jesus dies tun könnte, wenn er wollte, sondern einzig und allein wegen der Persönlichkeitsstruktur und des gesellschaftlichen Hintergrunds der betreffenden Träumenden. Eine hundertprozentige Sicherheit gibt es natürlich nicht. Schon der verstorbene Bischof James Pike hat gesagt, man müsse »die wahrscheinlichste von mehreren Hypothesen« zugrunde legen, wenn man sich ein Urteil über außergewöhnliche Vorkommnisse bilde.

V.
ASW-Träume

Der Begriff ASW-Träume mag manchen überraschen, der andere Ausdrücke gewohnt ist, ich habe ihn jedoch ganz bewußt gewählt, weil ich damit drei Arten von Traummaterial abdecken kann, die eines gemeinsam haben — sie haben keinerlei Zukunftsbezug.

ASW-Träume sind zuerst einmal alle *telepathischen Träume*, in denen der Träumende von einem Lebenden oder Toten Botschaften oder Informationen aufnimmt oder empfängt; diese Träume beziehen sich auf die Gegenwart, wenn auch nicht ganz unmittelbar. Die Übermittlung braucht nicht bewußt oder genau zu sein. Der Träumende nimmt ganz einfach Gedankenenergien auf. *Geplante* und auch tatsächliche Geschehnisse können den Inhalt dieser Träume ausmachen.

Etwas anders liegen die Dinge bei der zweiten ASW-Traumkategorie, den *simultanen Träumen*, in denen sich der Träumende auf ein Ereignis einstimmt, das in einiger Entfernung abläuft. In simultanen Träumen ist der Träumende unsichtbar gegenwärtig, er dehnt scheinbar einen Teil seines Bewußtseins über die Grenzen des Raums aus, und das ungeachtet von Entfernung und dazwischenliegenden festen Objekten. Träume, in denen sich der Träumende sichtbar außerhalb seiner physischen Hülle befindet, sind eigentlich gar keine Träume, sondern gehören zu dem Phänomen der außerkörperlichen Erlebnisse, mit dem ich mich in einem späteren Kapitel befassen werde.

Schließlich gibt es auch noch *retrokognitive Träume*, in denen der Träumende ein Ereignis durchlebt, das bereits in der Vergangenheit stattgefunden hat, von dem er aber im Zustand des Bewußtseins keine Ahnung hat. Retrokognitive Träume ähneln in gewisser Weise Psychometrieexperimenten, bei denen ein Medium einen Gegenstand berührt und ausschließlich aufgrund dieses Kontaktes die Vergangenheit des Eigentümers rekonstruiert. Auf retrokognitive Träume hat der Träumende jedoch keinerlei Einfluß. Sie kommen für gewöhnlich unerwartet und erfordern nicht unbedingt die physische Anwesenheit des Träumenden an dem Ort, auf den sich das Traummaterial bezieht. ASW-Träume sind also ganz einfach Ausdehnungen des normalen Bewußtseins, und sie gewähren dem Träumenden Einblick in ihm unbekannte Ereignisse oder Situationen.

Wir müssen uns natürlich davor hüten, ASW-Träume mit Träumen in einen Topf zu werfen, die entweder eindeutig symbolisch sind oder sich psychoanalytisch deuten lassen. Was ich bereits über den Unterschied zwischen parapsychischen Träumen im allgemeinen und solchen gesagt habe, die sich eher für eine psychoanalytische Deutung eignen, ist hier von besonderer Wichtigkeit, da wir es nicht mit einem prophetischen Element zu tun haben, sondern mit gegenwärtigen oder vergangenen Ereignissen, weshalb zumindest theoretisch nicht auszuschließen ist, daß der Träumende im Zustand des Bewußtseins von letzteren erfahren hat. ASW-Träume unterscheiden sich von psychoanalytisch deutbarem Traummaterial vor allem durch ihre Klarheit sowie durch die Eindeutigkeit, mit der sich Träumende beim Erwachen erinnern. Ein wirklicher Fachmann kann beide Traumarten ohne Mühe auseinanderhalten.

Mrs. J. W. aus New Jersey hatte ein Traumerlebnis, das unter diese Kategorie fällt. 1941 war ein sehr enger Freund von ihr auf einem Öltanker eingesetzt, dessen Heimathafen Fort Pierce, Florida, war. Der Tanker wurde auf hoher See von einem deutschen U-Boot torpediert, wobei mit einer Ausnahme die gesamte Besatzung ums Leben kam. Zu dieser Zeit hatte Mrs. W. einen intensiven Traum, in dem sie ihren in seiner Kabine eingeschlossenen Freund sah. Er hämmerte mit den Fäusten gegen die Tür, rüttelte an dem porzellanenen Türgriff und rief ununterbrochen ihren Kosenamen; hier endete der Traum. Ein paar Stunden später überbrachte man ihr die Nachricht, daß ihr Freund bei dem Angriff auf den Tanker ums Leben gekommen sei.

Ihr Traum war ganz offensichtlich mit der Todeszeit ihres Freundes zusammengefallen, und dieser hatte in seiner Angst nach dem Menschen gerufen, der ihm am nächsten stand, und er hatte sie über Meilen hinweg im Schlaf erreicht. Er mußte gewußt haben, daß sie ihm nicht helfen konnte, aber vielleicht wollte er sie wissen lassen, daß seine letzten Gedanken ihr galten, vielleicht befand er sich aber auch nur in Panik, bei der ja das logische Denken normalerweise aussetzt.

Mrs. A. W., eine Kanadierin, lebt gegenwärtig in Massachusetts. Sie hat zwei Söhne und eine Tochter. Als sie sich mit mir in Verbindung setzte, war sie als Schreibkraft in der statistischen Abteilung einer Bank beschäftigt. Mrs. W. hat in ihrem Leben schon viele parapsychische Erlebnisse gehabt, in diesem Kapitel von Interesse ist jedoch nur eines ihrer ersten.

Als sie acht Jahre alt war, hatte sie arge Schwierigkeiten, größere Zahlen auszudividieren. Sie bildete sich ein, dies als einzige in ihrer Klasse nicht zu können, und ihre Lehrerin war wegen ihrer Begriffsstutzigkeit verärgert. Ihre Klassenkameradinnen, an die sie sich wandte, versuchten ihr zwar zu helfen, doch leider verstand sie deren Erklärungen ebensowenig. Auch ihre Schwester war ihr nur eine geringe Hilfe. In ihrer Not bat sie eines Abends Gott um Hilfe und ging zu Bett. In dieser Nacht hatte sie im Traum eine Erleuchtung. Sie sah sich im Klassenzimmer. Ihre Lehrerin rief sie an die Tafel und gab ihr drei Divisionsbeispiele. Mrs. W. nahm die Kreide und löste die Aufgaben ohne Mühe fehlerfrei.

Am folgenden Morgen ging sie wie üblich zur Schule. Genauso wie im Traum wurde sie von der Lehrerin an die Tafel gerufen und bekam drei Divisionsbeispiele, die sie, so wie sie es geträumt hatte, ohne Mühe und einwandfrei löste.

Auf den ersten Blick scheint dieser Traum in das Kapitel über prophetische Träume zu gehören. Doch eben nur auf den ersten Blick: Die Fähigkeit, größere Zahlen auszudividieren, war in Mrs. W.'s Unbewußtem vergraben, sie war vorhanden. Mrs. W. erkannte sie nur nicht. Sicherlich hatte sich ihre Lehrerin die Aufgaben des folgenden Tages schon beim Zubettgehen überlegt. Was das Mädchen träumte, war also zweifacher Natur: Einmal stimmte es sich auf die Gedanken seiner Lehrerin ein und erhielt so einen Einblick in die Aufgaben, die ihm am nächsten Tag gestellt wurden, und zum anderen löste es auch noch die Sperre zu seinem Unbewußten als zusätzliche Hilfe für die Arbeit des folgenden Tags.

Mrs. Catherine H., eine Hausfrau Anfang der Vierzig, lebt mit ihrem Mann und ihren drei Töchtern in Pennsylvanien. Da ihre Familie in hohem Maße telepathisch veranlagt ist, muß sie nicht befürchten, sich mit ihren präkognitiven Träumen lächerlich zu machen. Sie hat im Laufe der Jahre schon so viele gehabt, daß sie sie gar nicht mehr alle aufzählen kann. »Ich habe präkognitive Träume, die sich von den übrigen dadurch unterscheiden, daß irgendwo die Farbe Grün vorkommt«, erzählt sie. Einen besonders eindrucksvollen Traum schrieb sie mir am 8. Februar 1971. In diesem Traum sah sie grüne Berge und Lkws, die in schwarzen Schlamm einsanken, der eine weite Fläche bedeckte. Sie sah die Lkws und stellte auf einmal fest, daß *sie selbst* tief unter den Lkws und unter Holz eingeklemmt war. Sie hörte sich schreien, bis sie fast ihre Stimme verlor. Plötzlich rief ihr ein Mann zu, sie werde ihre Stimme verlieren. Das war das Ende des Traums.

Zwei Wochen später erschütterte die Tragödie von Aberfan, Großbritannien, die ganze Welt: Bei einem Kohlenschlackenrutsch wurden eine Schulhaus zerstört und zahlreiche Kinder getötet. In dem Zeitungsbericht, den Mrs. H. vierzehn Tage nach ihrem Traum in die Hände bekam, stand u. a. zu lesen, ein Arbeiter habe ein verschüttetes Kind schreien hören. Er habe ihm zugerufen, es solle aufhören zu schreien, und habe es nach seinem Namen gefragt, worauf ihm das Mädchen »Catherine« geantwortet habe. »Die meisten Erlebnisse werden zwei Wochen, nachdem ich sie geträumt habe, Realität, und es handelt sich dabei fast immer um Katastrophen«, erklärte Mrs. H. »Ich fühle auch den Schmerz der Opfer.« Einmal konsultierte sie wegen dieser unerwünschten Gabe sogar einen Arzt, in der Hoffnung, dieser werde sie davon befreien. Sie ist ihr jedoch bis heute geblieben.

Mrs. H. war keineswegs die einzige, die sich irgendwie auf die Katastrophe von Aberfan einstimmte. Eine Londoner Zeitung ging entsprechenden prophetischen Träumen nach und beschrieb sie in allen Einzelheiten. Was diesen speziellen Traum aber von allen anderen unterscheidet und was übrigens auch der Grund dafür ist, daß ich ihn hier und nicht in das Kapitel über prophetische Träume aufgenommen habe, ist die Tatsache, daß sich Mrs. H. mit einem anderen Menschen identifizierte. Sie träumte nicht nur von einem Geschehnis in der Zukunft und sah Menschen, von denen sie nichts wußte, zumindest in diesem Fall *wurde* sie auch das unter den Lkws eingeklemmte Kind. Eine Erklärung dafür fällt nicht leicht. Das Ereignis mag zu der Zeit, als Mrs. H. den Traum hatte, vielleicht schon vorherbestimmt gewesen sein, mit Sicherheit jedoch nicht die Reaktion des Mädchens. Für Mrs. H. ist auch ihre Namensgleichheit mit dem verunglückten Mädchen sehr wichtig. Mir scheint der Traum mehr als alles andere einen Schlüssel zum besseren Verständnis des Zeitkontinuums zu enthalten, in dem wir leben, und er erlaubt mir eine beunruhigende Vermutung — keine Theorie — darüber, wie solche Träume überhaupt möglich sind: Kann es nicht sein, daß wir die Ereignisse erst *später* realistisch wahrnehmen, daß sie schon *früher* stattgefunden haben, ohne daß wir dessen gewahr wurden? Menschen, die solche Ereignisse parapsychisch vorhergesehen, würden somit nicht die Zukunft schauen, sondern, im Gegensatz zu den meisten von uns, in Wirklichkeit die Gegenwart aufnehmen. Das ist jedoch nur reine Spekulation.

Die Volksschullehrerin Mrs. C., Mutter von fünf Töchtern und einem Sohn, lebt bei einer ihrer Töchter in Indiana. Eine andere Tochter, Laverne, ist Hausfrau und arbeitet halbtags als Krankenschwester. Sie glaubte nicht an die Realität von Para-Phänomenen, bis ihre Mutter eines Nachts einen eigenartigen Traum hatte. Dies geschah 1967. Bei Laverne, die im fünften Monat schwanger war, setzten plötzlich Wehen ein, und sie mußte um ein Uhr morgens ins Krankenhaus eingeliefert werden. Die Ärzte sagten, sie werde das Baby verlieren, und um zwei Uhr morgens wurde ihr Mann nach Hause geschickt. Um drei Uhr wachte Laverne auf und begann zu rufen: » Lieber Gott, hilf mir, ich möchte, daß meine Mutter bei mir ist!« Sie wiederholte das mehrere Male, bis sie wieder in den Schlaf zurückfiel. In ihrer fünfjährigen Ehe hatte sie noch nie so sehr ihre Mutter herbeigesehnt, sie wußte aber ganz genau, daß ihr ihre Mutter gar nicht zu Hilfe kommen konnte, da diese in Indiana lebte.

Als sich vier Monate später Mutter und Tochter das nächste Mal trafen, erzählte Mrs. C. von einem Traum, den sie zu der Zeit gehabt hatte, als Laverne im Krankenhaus gelegen war. Sie hatte um drei Uhr morgens geträumt, sie sei im unteren Schlafzimmer des Hauses. Sie machte im Traum im Schlafzimmer Licht und wollte gerade nach oben gehen, als sie ihre Tochter nach ihr rufen hörte. Sie ging zurück ins Schlafzimmer. Aus einer Ecke, in der ihre Tochter auf einem Brett oder Trage lag, schien ein helles Licht. Die Tochter hatte ein hellblaues Nachthemd an. Da Mrs. C. fünf Töchter hatte, war sie sich nicht sicher, um welche es sich handelte, sie nahm aber an, es sei Lavernes ältere Schwester, da sich alles in deren Haus abspielte. Sie ging nach oben, wo ihr Sohn auf dem Sofa saß, und bat ihn, mit nach unten zu gehen und nachzusehen, was seiner Schwester fehle. Dieser weigerte sich jedoch und sagte ihr mehrmals, sie solle sich keine Sorgen machen, es werde alles in Ordnung kommen. Die Mutter wurde schließlich ärgerlich und ging allein hinunter, das Licht war jedoch erloschen, und die Tochter war verschwunden.

Mrs. C.'s Traum war so intensiv, daß sie davon aufwachte, und sie begann für Lavernes ältere Schwester zu beten, die zu dieser Zeit als Missionarin in Afrika war. Da sie den Traum im Haus dieser Tochter gehabt hatte, meinte sie natürlich, diese schwebe in irgendeiner Gefahr.

Am Morgen wurde Mrs. C. dvon unterrichtet, daß Laverne ihr Baby verloren habe, und erst da dachte sie über ihren Traum nach. Ihr fiel ein, daß ihre in Afrika lebende Tochter immer Schlafanzüge trug, während Laverne Nachthemden bevorzugte. Sie erinnerte sich auch daran, daß Laverne bei ihrem letzten Besuch im unteren Schlafzimmer geschlafen und ein hellblaues Nachthemd getragen hatte.

Wir haben es hier mit einem simultanen Traum zu tun, in dem die Mutter sich auf den Zustand ihrer Tochter einstimmte und deren Hilferufe hörte, in dem sie aber dieses direkte telepathische Material mit ihrem unbewußten Wissen vom Aussehen der Tochter bei deren letztem Besuch vermischte. In einem derartigen Fall greift der Träumende also, natürlich unbewußt, auf bereits Bekanntes zurück und benutzt es sozusagen zur Ausschmückung des telepathischen Traums.

Simultane parapsychische Träume beziehen sich in der Regel auf Ereignisse, die sich zur genau gleichen Zeit abspielen, wenn auch in der Ferne, worunter man das Nachbarhaus ebenso verstehen kann wie einen anderen Landesteil. Bei manchen dieser simultanen Träume muß man allerdings den Zeitunterschied berücksichtigen, in anderen Worten, der Träumende sieht die Ereignisse dann, wenn sie tatsächlich stattfinden.

Für mich zählen Träume auch dann zu den simultanen ASW-Träumen, wenn sich Ereignisse einige Stunden vor dem Traum abspielen, ohne daß der Träumende jedoch davon etwas weiß. Auch Träume, die nur *unwesentlich* später objektive Realität werden, gehören für mich in diese Kategorie, sie zeigen lediglich auf, daß wir unsere Zeitvorstellungen neu überdenken müssen. Vielleicht ist die Zeit gar nicht so absolut, wie wir glauben, sondern durchaus flexibel. Zukünftige Untersuchungen und Experimente werden darauf Antwort geben.

Mrs. Dorothy T. lebt im Norden Kaliforniens. Sie ist Hausfrau und hat mehrere Kinder. Sie wurde streng katholisch in einem Internat erzogen und konnte deshalb ihre mediale Begabung erst später frei entfalten. Obwohl sie Hunderte von Meilen von ihrem Sohn entfernt lebte, sah sie in einem Traum, wie er in San Francisco von einem Auto gestreift wurde. Sie sah in ihrem Traum nicht nur das Aute, sondern sah auch, daß ihre Schwiegermutter leicht verletzt wurde. Als sie aus dem Traum erwacht war, ging sie sofort zu ihrer Nachbarin und erzählte ihr alles. Zwei Tage später bekam sie einen Anruf: der Unfall hatte sich genauso zugetragen, wie sie es gesehen hatte, und es war weder ihrem Sohn noch ihrer Schwiegermutter viel passiert.

Der vielleicht erstaunlichste Traum, den mir Mrs. T. berichtete, stand in Zusammenhang mit der Ermordung Präsident Kennedys. Oswald war verhaftet worden, und die Ereignisse des Tages hatten Mrs. T. sehr stark mitgenommen. Als sie zu Bett gegangen und eingeschlafen war, träumte sie von einer Unterhaltung zwischen zwei Männern, von denen einer sagte: »Wir verpassen ihm eine Kugel in den Magen, das ist ein qualvoller Tod!« Darüber wachte sie auf. Sie erzählte sofort ihrem Mann, Oswald sei erschossen worden, und ging, ohne auf eine Antwort zu warten, ins Wohnzimmer und schaltete den Fernseher an: *Genau in diesem Moment* spielte sich die Szene vor ihren Augen ab!

Nicht jeder, der Wahrträume hat, ist glücklich darüber. »Mein Problem ist, daß ich Dinge spüre oder von ihnen träume, bevor sie passieren«, beklagte sich Jan S. aus Maryland bei mir.

1968, als Jan die erste Klasse einer High-School besuchte, holte sie immer ein Junge von der Schule ab. Eines Tages kam er zusammen mit einem anderen Jungen, der Ronnie hieß. Jan hatte Ronnie schon seit mindestens drei Monaten nicht mehr gesehen, sie unterhielten sich aber nur über belanglose Dinge. In dieser Nacht sah sie im Traum, wie sich ein Junge erschoß, leider konnte sie sein Gesicht nicht erkennen; sie wußte jedoch, daß es ein Bekannter von ihr war. Als sie am nächsten Morgen in die Schule kam, erfuhr sie, daß sich Ronnie in der Nacht erschossen hatte.

Jane Duke, die außergewöhnliche mediale Fähigkeiten besitzt, lebt in Bakersfield, Kalifornien. Sie sah den Tod ihres ersten Mannes voraus und konnte sich so darauf vorbereiten, sie hat auch schon viele andere Ereignisse in ihrem Leben vorausgesehen, und sie ist sogar in der Lage, sich so zu programmieren, daß sie von bestimmten Problemen träumt, und häufig bekommt sie tatsächlich Antworten auf ihre Fragen. Gegenwärtig arbeitet sie als professionelle Handleserin, sie benützt diese Methode jedoch nur als Einstieg in das Feld ihrer breitergefächerten medialen Fähigkeiten.

Vor kurzem kam eine ihr unbekannte junge Frau zu ihr, um sich aus der Hand lesen zu lassen. Ein paar Minuten vor dem Eintreffen ihrer Kundin machte sie ein Nickerchen und träumte von dem Problem, das ihre Kundin zu ihr führte. Sie wußte im Traum natürlich nicht, daß es sich um ihre nächste Kundin handelte, das merkte sie erst, als sie sie sah. In ihrem Traum erblickte sie einen Mann, der einem bekannten Filmschauspieler sehr ähnlich sah. Der Mann hielt ihr die Hand entgegen. Sie sah sie sich an und schloß aus ihr, daß er kein guter Mensch war. Als nächstes sah sie in dem Traum, wie der Mann ein dunkelhaariges Mädchen an der Hand nahm und in einen Aufzug führte, der nach unten fuhr. Mrs. Duke sah in diesem Vorgang eine unangenehme Situation für das Mädchen. Kurz danach wachte sie auf, und als ihre Kundin kam, stellte sie fest, daß es sich um das Mädchen handelte, von dem sie geträumt hatte. Sie beschrieb ihm den Mann, den sie im Traum gesehen hatte, und erfuhr, daß eben dieser Mann der Grund für den Besuch war. Mrs. Duke warnte die junge Frau vor ihm, diese schlug die Warnung jedoch in den Wind und heiratete ihn. Zwei Wochen nach der Hochzeit wurde sie von ihm brutal zusammengeschlagen und verließ ihn.

Einen interessanten retrokognitiven Traum hatte Claudia Cunnigham, eine Kunstmalerin aus Pennsylvanien. Eine Bekannte von ihr, Mrs. Emma Black, hat im Osten Pennsylvaniens ein Bauernhaus, das sie für Künstler auf Besuch als Gästehaus hergerichtet hat. Vor kurzem war auch Miss Cunningham einige Tage dort. In jener Woche wohnten insgesamt sechs Frauen in dem Gästehaus, in jedem Zimmer zwei. Miss Cunninghams Zimmergenossin war in das große Schlafzimmer gegenüber gegangen, um mit den anderen, die noch nicht müde waren, Karten zu spielen. Sie unterhielten sich und lachten, während sich Miss Cunningham auszog und das Fenster bei ihrem Bett öffnete. Sie stellte den Wecker und legte sich nieder. Als ihr die Glieder schwer wurden, hörte sie noch immer die Stimmen von gegenüber. Auf der Schwelle zum Schlaf sah sie plötzlich, daß das Zimmer, in dem sie lag, von einem älteren, schäbigeren Zimmer überlagert wurde, das fleckige Tapeten hatte und nur dürftig eingerichtet war. Eine Frau saß auf einem Stuhl und stützte sich mit beiden Armen am Fensterbrett ab. Sie hatte langes dunkles Haar, das ihr über die Schultern fiel, und sie weinte herzzerreißend. Die Geräusche aus dem anderen Zimmer waren leiser geworden, so daß Miss Cunningham das Schluchzen ganz deutlich vernehmen konnte. Dann hörte sie, wie jemand die Treppe hinunterlief und wie die Hintertür zugeschlagen wurde. Nach und nach lösten sich die Frau und das Zimmer auf, und schließlich blieb nur noch Miss Cunninghams Zimmer übrig. Die Stimmen der Frauen von gegenüber erreichten wieder normale Lautstärke, und Miss Cunningham, die sich noch immer über ihr Erlebnis wunderte, sank in einen tiefen Schlaf.

Am darauffolgenden Morgen, beim Frühstück, berichtete sie ihrer Gastgeberin und den anderen von ihrem Erlebnis. Mrs. Black sagte ihr daraufhin, daß das Zimmer, in dem sie geschlafen hatte, tatsächlich einmal der dunkelhaarigen Frau gehört habe und daß sich diese Frau wegen eines geistig zurückgebliebenen Kindes sehr gegrämt habe. Sie sei aber noch gesund und munter und lebe in einer nahe gelegenen Stadt. Miss Cunningham hatte sich in einem traumähnlichen Zustand, vielleicht auch in einem flachen Traum, in die Vergangenheit des Hauses begeben und eine Szene aus dieser Zeit erlebt. Interessanterweise scheint es keine Rolle zu spielen, ob es in solchen Szenen um Lebende oder Verstorbene geht, die parapsychische Essenz ist ein und dieselbe.

VI.
Prophetische Träume

Unter prophetischen Träumen verstehe ich all jene Träume, die irgendwelche Elemente, irgendwelche Informationen beinhalten, die sich auf das beziehen, was wir gemeinhin als Zukunft bezeichnen, im wesentlichen also auf Ereignisse, die nicht kalkulierbar sind. Prophetische Träume umfassen Prophezeiungen für ganze Völker oder die gesamte Welt ebenso wie mehr oder weniger belanglose Angelegenheiten im Privatbereich des Träumenden oder dem von Bekannten und Verwandten. All diesen Träumen ist gemeinsam, daß die Zukunft in ihnen ganz anders aussieht, als man erwartet hätte, und daß sie Ereignisse prophezeien, für die es in der Gegenwart auch nicht die geringsten Anzeichen gibt und die man deshalb für vollkommen ausgeschlossen hält.

Ein häufig gehörter Einwand gegen prophetisches Material spielt auf den Wahrscheinlichkeitsfaktor an, d. h. auf die Möglichkeit, daß die Medien bereits Bekanntes dazu benutzen, Vermutungen anzustellen. Dieses Argument ist jedoch sehr einfach zu entkräften. Kein ernsthafter Para-Forscher wird sich eingehend mit einem Traum befassen, wenn dieser nicht spezifisches und detailliertes Material enthält, das sich später einmal auf seine Richtigkeit hin überprüfen läßt. Ankündigungen von der Art, ein bekannter Staatsmann werde zum Rücktritt gezwungen, eine Leinwandgröße werde wieder heiraten oder ein betagter Politiker werde sterben, haben keinerlei Beweiswert, da solche Ereignisse mit hoher Wahrscheinlichkeit eintreten. Selbstverständlich können Medien auch solche Geschehnisse vorhersehen, es läßt sich nur nie mit Sicherheit feststellen, ob sie dabei von ihren medialen Fähigkeiten Gebrauch machen oder ob sie ausschließlich ihr logisches Denkvermögen und ihre Formulierkunst benutzen.

In einigen meiner früheren Werke unterschied ich zwischen Prophezeiungen, die sich auf größere Ereignisse, auf Situationen von weltweiter Bedeutung oder auf prominente Persönlichkeiten beziehen, und Vorhersagen, die sich auf jedermann beziehen können. Oft wird das Material visuell, vielleicht auch nur intuitiv übermittelt, und es wird kein einziges Wort gesprochen. Der gemeinsame Nenner ist jedoch stets das zukünftige Element. Im Grunde ist es eigentlich gar nicht so wichtig, ob dem Träumenden die Informationen durch visuelle Stimulierung, Worte, intuitive Gefühle oder durch irgendeine andere Kommunikationsform übermittelt werden. Die Botschaft muß lediglich klar, genau und detailliert sein. Prophetische Träume sind somit Träume, die zukünftige Ereignisse oder Situationen beinhalten, an die sich der Träumende beim Aufwachen erinnert. Prophetisches Material kann natürlich auch im Wachzustand empfangen werden. Ich habe bereits erwähnt, daß das meiste parapsychische Material die Menschen im allgemeinen völlig unerwartet im Traum erreicht, weil es so tiefer und leichter in den menschlichen Bewußtseinsschild eindringen kann. Aufgrund ihrer Erziehung oder aufgrund unserer modernen Einstellung derartigen Phänomenen gegenüber versuchen sehr viele Leute, sich logisch mit dem parapsychischen Material auseinanderzusetzen, das ihnen übermittelt wird, im Traumzustand gibt es jedoch keine Logik. Außerirdische Wesen, die Menschen eine Botschaft übermitteln wollen, erreichen diese viel eher im Schlaf oder Traum als während der Hast des Alltags. Im Traumzustand wendet ihnen der Mensch seine volle Aufmerksamkeit zu, allerdings muß er irgendwann einmal auch wieder aufwachen und sich an den Traum erinnern.

Interessanterweise sind mache Leute nur vorübergehend medial aktiv, während sie sonst keinerlei ASW-Erlebnisse haben und sich auch tagelang an keine ungewöhnlichen Träume erinnern können. Zweifelsohne hängt das Vermögen, parapsychische Träume zu haben, von der Aufnahmefähigkeit des einzelnen Menschen ab, die wiederum mit seinem körperlich-seelischen Befinden und seiner Umwelt in Zusammenhang steht, auch wenn es sich bei ihm nur um das »Instrument« handelt, das das Material empfängt. Mrs. S. J. G. aus Long Island, New York, erklärte mir: »Bei mir macht sich eine mediale Phase dadurch bemerkbar, daß fast jeder Traum prophetisch ist, daß ich noch sensitiver werde oder sogar telepathische Fähigkeiten entwickle. Ich habe auch festgestellt, daß sich meine prophetischen Träume frühestens in einigen Stunden, spätestens in etwa sechs Jahren erfüllen.«

Häufig freuen sich Medien darüber, in guter Gesellschaft zu sein: Ist ein prophetischer Traum besonders aufregend, so ist es ihnen ein gewisser Trost, daß andere Medien, vor allem bekannte, ähnliche Träume hatten. Mrs. G. träumte 1970, die Vereinigten Staaten würden von einer Atommacht angegriffen, und sie sah die Gegenden, wo der Angriff erfolgen würde. Es beruhigte sie sehr, daß ich 1968 eine ähnliche Voraussage veröffentlicht hatte, nach der wir am 29. Dezember 1970 angegriffen würden. Glücklicherweise erwies sich das Datum als falsch. Ebenfalls unrichtig war der Zeitpunkt in einer ähnlichen Voraussage des berühmten Chicagoer Mediums Irene Hughes, das ein solches Ereignis etwa für 1973 angekündigt hatte. Dazu muß gesagt werden, daß Medien häufig Ereignisse vorhersehen, ohne exakte Daten zu bekommen, oder daß sie sich um beträchtliche Zeitspannen irren. Es wäre töricht, einige prophetische Träume nur deshalb abzuqualifizieren, weil das Datum für das vorausgesagte Ereignis eintritt und verstreicht, ohne daß etwas passiert. Mrs. G. sagt: »Ich habe zwar viele prophetische Träume, trotzdem weiß ich nie genau, ob ein Traum prophetisch ist oder nicht. Es gibt nur einen Anhaltspunkt: prophetische Träume sind sehr präzis in ihrer Aussage. Sie enthalten im Gegensatz zu den meisten Träumen keinerlei Symbolik. Ich sehe die Ereignisse so, wie sie sich wirklich abspielen werden. Die Botschaft ist klar und nicht in Symbole eingebettet.«

Man braucht nicht sehr viel Phantasie, um zu verstehen, warum man in alten Zeiten annahm, »Wahrträumende«, Menschen, die die Fähigkeit besitzen, im Traum Ereignisse vorherzusehen, stünden mit dem Teufel im Bunde. Mrs. G. sah eines Nachts im Traum ein Feuer im Wohnzimmer, und das seltsame an diesem Feuer war, daß es sich an einer Wand hochfraß. Am nächsten Tag unterhielt sie sich zufällig mit einer Nachbarin, Jean, und deren Mutter und erwähnte dabei den ungewöhnlichen Traum. Die Mutter, eine Frau europäischer Abstammung, starrte sie entsetzt an und rannte weg. Die Nachbarin erzählte ihr daraufhin, daß ihr kleiner Junge am Morgen im Wohnzimmer gezündelt habe und daß die Flammen die Vorhänge erfaßt und sich so tatsächlich an einer Wand hochgefressen hätten. Glücklicherweise sei es ihnen gelungen, den Brand rechtzeitig zu löschen. Mrs. G. konnte von diesem Ereignis vorher unmöglich erfahren haben.

Dr. Hall trifft in seiner Abhandlung über die Bedeutung der Träume folgende Feststellung: »Träume sind einzig und allein Halluzinationen.« Er erklärt im folgenden, eine Halluzination sei ein Ereignis, das gar nicht wirklich stattfinde, und fährt fort: »Träume sind kreative Ausdrucksformen des menschlichen Geistes.« Damit gibt er abermals zu verstehen, daß wir aus irgendwelchen Gründen unsere eigenen Träume fabrizieren, daß Träume das Produkt des Menschen sind. Parapsychische Träume existieren für Dr. Hall gar nicht. Wortreich interpretiert er scheinbar parapsychische Träume als Ausdruck menschlicher Sehnsüchte, Bedürfnisse, Probleme usw. Er erklärt jedoch nicht, wie es möglich ist, daß Träumende detailliert Kenntnis von zukünftigen Ereignissen erhalten.

Mit einer Serie über das »Zweite Gesicht« räumte eine der größten deutschen Zeitungen mit konventionellen Ansichten auf. Unter den aufgeführten Beispielen ist auch die Geschichte der Schauspielerin Christine Mylius, die seit ihrem 12. Lebensjahr Wahrträume hat. In ihrem ersten derartigen Traum sah sie ihre ältere Schwester im Wasser, aber auch irgendwie in den Alpen. Drei Wochen später ertrank ihre Schwester in einem bayerischen Gebirgssee. Seit dieser Zeit hat Frau Mylius Professor Hans Bender vom Freiburger Institut für Grenzgebiete der Psychologie weit mehr als 2000 Träume berichtet. Ihr *Traumjournal*, das vor einigen Jahren auf den Markt kam, enthält auf 200 Seiten prophetische Träume. Sie sagte beispielsweise korrekt Verkehrsunfälle voraus, in die ihre Mutter und ihr Sohn verwickelt würden, sowie Selbstmorde von Freunden und Bekannten. Ihre Träume enthalten aber auch Material über wildfremde Menschen, das sich schließlich genauso bewahrheitete. Sehr häufig träumt Frau Mylius auch von Schlagzeilen, natürlich lange bevor sich die Ereignisse abzeichnen und lange bevor die Schlagzeilen gesetzt werden. Am 4. Januar 1967 sagte sie bei Professor Bender ganz genau die Schlagzeile im Zusammenhang mit der *Apollo*-Katastrophe vom 27. Januar 1967 voraus. Nach ihren eigenen Beobachtungen hat sie die meisten Wahrträume dann, wenn sie unter seelischem Druck steht. Setzt sie sich mit dem Traummaterial auseinander und bringt es zu Papier, so baut sie damit auch ihre inneren Spannungen ab.

Die Fähigkeit, Wahrträume zu haben, ist keineswegs nur auf ganz bestimmte Menschengruppen beschränkt. Man könnte höchstens sagen, daß Leute, die kein ausgeprägtes Vorurteil gegenüber der ASW haben und die ein harmonisches Leben führen, wahrscheinlich besonders oft parapsychische Träume haben. Bei Menschen, die in psychiatrischer Behandlung sind oder die sich gegen die ASW sperren, besteht die Gefahr, daß sie ihr Traummaterial ausschmücken oder es verdrängen. Ein gutes Beispiel eines ausgeglichenen Menschen mit ausgeprägter medialer Begabung ist die Malerin Ingrid B., mit der ich schon häufig zusammengearbeitet und auch schon die verschiedensten Psychometrieexperimente durchgeführt habe.

Am 8. März 1972 berichtete mir Ingrid von einem Traum, den sie am 29. Februar 1972 gehabt hatte. »Ich sah einen Bekannten in mein Büro kommen. Er trug ein buntkariertes Sportsakko und einen Rollkragenpulli und er sagte: ›Wie geht es dir?‹ und ›Wir müssen mal zusammen was trinken gehen.‹ Am nächsten Vormittag kam dieser Bekannte tatsächlich in mein Büro, er war genauso gekleidet, wie ich es geträumt hatte, und er sagte: ›Wie geht es dir?‹ und ›Wir haben uns schon lange nicht mehr gesehen, wir müssen uns mal zusammensetzen.‹ Abgesehen von der geringfügigen Wortabweichung erfüllte sich der Traum haargenau.« Da Ingrid den Traum in der Nacht vor dem Besuch hatte, könnte man natürlich annehmen, ihr Bekannter habe sich unbewußt bereits mit einem derartigen Gedanken getragen. Das mag eine Erklärung für die Kleidung sein, Ingrids Bekannter hatte sich aber mit Sicherheit nicht auch schon seine Worte im voraus überlegt.

Ingrid berichtete mir von einem weiteren Traum, den sie am 29. Januar 1973 hatte. In diesem Traum sah sie eine Freundin, die sie schon seit fast einem Jahr nicht mehr getroffen hatte. Sie war auf dem Heimweg von der Stadt zum Staten Island, als ihr im Battery Park ihre Freundin entgegenkam. Es war Frühling, und das Mädchen sah schlanker und besser aus als je zuvor. Es trug ein altmodisches weißes Kleid, das am Vorderteil mit Stikkerei verziert war. Hinter ihm schlenderte ein großer, dürrer Mann mit strohblondem Haar. Er trug eine dunkle Hose und ein weißes Hemd mit hochgekrempelten Ärmeln und offenem Kragen. Als Ingrid mit ihrer Freundin auf gleicher Höhe war, sprach sie sie an, bekam aber nur die schnippische Antwort: »Glaub' bloß nicht, daß ich dich brauche!« Der Traum war so ungewöhnlich, daß Ingrid ihre Freundin anrief. Diese erzählte, sie habe in der Nacht an Ingrid gedacht. Sie hatte in letzter Zeit zwölf Pfund abgenommen und hatte sich von ihrem Freund getrennt. Sie beschrieb ihn als groß und strohblond, und er hatte auch die Kleidung, die er in Ingrids Traum getragen hatte. Auf das weiße Kleid angesprochen, das Ingrid wie ein altmodisches Nachthemd vorgekommen war, bestätigte die Freundin, daß sie tatsächlich ein solches Nachthemd besitze, daß sie es aber bei ihrer Mutter aufbewahre. Zu der Zeit, als Ingrid ihren Traum hatte, hatte sie beschlossen, es sich zu holen. Es scheint, daß sich Ingrid im Traumzustand auf die Gedanken ihrer Freundin einstimmte und ihrem Unbewußten die Möglichkeit gab, diese Gedanken an ihr Bewußtsein weiterzuleiten, von dem sie dann veranlaßt wurde, ihre Freundin anzurufen.

Auch ein dritter Traum, den mir Ingrid berichtete, verdient es, veröffentlicht zu werden. Im September 1974 wollten sich Ingrid und ihr Verlobter ein altes Sofa kaufen, sie fanden aber nichts Passendes. Am 10. September 1974 träumte Ingrid, sie und ihr Verlobter führen aufs Land und hielten vor einem Haus, wo sie eine Frau in einem einfachen Hauskleid sähen. Das Haus hatte die Tür genau in der Mitte, und das Dach war sehr spitz. Die Frau sagte in Ingrids Traum: »Ich hab' etwas für euch!« Der Traum war so intensiv, daß Ingrid überzeugt war, er müsse für die Zukunft von Bedeutung sein. Sie entschloß sich deshalb auf Verdacht, auf eine Anzeige zu reagieren, die sie schon vorher im *Antiques Magazine* gesehen hatte. Sie rief den Inserenten an und erfuhr, daß dieser Händler tatsächlich ein Sofa in Kommission hatte, das ihren Vorstellungen entsprach. Ingrid und ihr Verlobter beschlossen daraufhin, am Wochenende aufs Land zu fahren. »Das Haus, zu dem wir kamen, glich dem in meinem Traum. Es war ein Bauernhaus aus dem 18. Jahrhundert, dessen Tür genau zwischen den Regenrinnen war. Es handelte sich dabei eigentlich um einen Seiteneingang von der Straße her, deshalb war auch das Dach so spitz. Die Bäuerin, eine einfache Frau, trug ein geblümtes Hauskleid. Ich habe das Sofa übrigens gekauft.«

Mrs. Susannah D. aus New Jersey, eine Hausfrau, hat schon seit ihrem zwanzigsten Lebensjahr Wahrträume. Nach ihrer Hochzeit lebte sie drei Monate lang in Lake Worth, Florida, doch dann beschlossen ihr Mann und sie, wieder nach New Jersey zu gehen. In der Nacht vor dem Umzug hatte Mrs. D. einen Traum. Neben einem auf dem Dach liegenden Auto stand eine schwarzgekleidete Frau und tupfte sich die Augen mit einem weißen Taschentuch. Sie sprach Mrs. D. an und sagte: »Bitte finden Sie meine Tochter, sagen Sie es meiner Tochter!« Mrs. D. erinnerte sich ganz deutlich daran, im Traum gedacht zu haben, daß sie die fremde Frau überhaupt nicht nach dem Namen ihrer Tochter gefragt habe und diese deshalb gar nicht ausfindig machen könne. Am Morgen erzählte sie ihrem Mann von dem Traum und bat ihn, mit der Abreise noch zu warten. Sie wertete den Traum als Fingerzeig des Schicksals und hatte Angst, in einen Unfall verwickelt zu werden. Ihr Mann wurde jedoch ärgerlich und wollte von einer Verschiebung nichts wissen. Sie hatten die Staatsgrenze von Florida noch nicht erreicht, als sie ausgangs einer Kurve eine Autoschlange sowie zahlreiche Polizeiautos sahen. Sie hielten an und schauten aus dem Wagen. Am Fuß einer kleinen Böschung lag ein Auto auf dem Dach, daneben stand eine schwarzgekleidete Frau und weinte. Mrs. D. stieg aus und fragte, was passiert sei. Man sagte ihr, daß die Tochter der Frau bei dem Unfall ums Leben gekommen und noch immer in dem Auto eingeklemmt sei.

Auch hier stimmt der Trauminhalt mit dem tatsächlichen Geschehnis nahezu überein, Mrs. D. erfuhr lediglich vom Tod der Tochter durch Zeugen und nicht durch die schwarzgekleidete Frau selbst. Trotzdem zeigt dieser Traumtyp ganz klar, daß sich manche Menschen auf zukünftige Ereignisse einstimmen können, bevor diese Realität geworden sind.

Unteroffizier David P. hatte einen Traum, der gleich *zweimal* eintraf. Als er zehn Jahre alt war, träumte er, er laufe auf einem erleuchteten Weg in die Dunkelheit hinein. Auf den ersten Blick scheint ein solcher Traum natürlich symbolisch zu sein oder ins Reich der Psychoanalyse zu gehören. 1965 jedoch, als David mit den Pfadfindern in einem Sommerlager war, hatte er, als er nach einem Lagerfeuer versuchte, seine Freunde einzuholen, genau das Erlebnis, das er Jahre zuvor geträumt hatte. Er lief auf einem vom Mondschein erhellten Weg, und die Szene war exakt so, wie er sie im Traum gesehen hatte. Im Februar 1972, als er schon bei der Armee war, spielte sich die Traumszene noch ein zweites Mal ab.

Die 29jährige Sandra M. ist ebenso wie ihr gleichaltriger Mann beim Militär. Er arbeitet als Flugzeugmechaniker, sie ist Operatorin. Mrs. M. hat bereits zahlreiche Wahrträume gehabt. Einen besonders interessanten hatte sie im Juli 1970, als sie und ihr Mann auf der Travis Air Force Base stationiert waren. Ihre besten Freunde auf dem Stützpunkt hießen Darlene und Reuben, dieser war jedoch in Vietnam, und mit seiner Rückkehr war frühestens in sechs Monaten zu rechnen. In dem Traum, um den es hier geht, hatte Mrs. M. den Eindruck, Reuben werde schon viel früher zurückkommen, er werde Darlene auf dem Stützpunkt aber nicht finden können, er werde überall nach ihr suchen, dann aber abreisen, weil er nicht mehr länger werde warten können. Mrs. M. berichtete sofort nach dem Aufwachen ihrem

Mann von diesem Traum, später am Tag erzählte sie ihn auch ihrer Freundin. Da Darlene so gut wie nie ausging, war die Wahrscheinlichkeit, daß ihr Mann zurückkommen und sie nicht antreffen werde, allerdings mehr als gering. Einen Monat später kam Reuben jedoch völlig unerwartet auf Sonderurlaub nach Hause, konnte aber Darlene auf der Travis Air Force Base nirgends finden. Er hinterließ ihr deshalb eine Nachricht und fuhr weiter nach Santa Monica, wo seine Großmutter im Sterben lag. Darlene, die normalerweise ihre Abende zu Hause verbrachte, war ausgerechnet an diesem Abend zu einer Square-dance-Veranstaltung gegangen und kam erst nach Mitternacht zurück.

Ein weiterer interessanter Traum betraf eine geplante Versetzung von Mr. und Mrs. M. Im Mai 1971 träumte sie, sie und ihr Mann würden zur Robins Air Force Base in Georgia versetzt. Da einige Tausend Stützpunkte in Frage kamen, kann man den Traum wohl schlecht als Spekulation abtun. Im Oktober desselben Jahres erhielt ihr Mann tatsächlich seinen Versetzungsbescheid zur Robins Air Force Base in Georgia. Damals, als Mrs. M. ihren Traum hatte, *wußte noch nicht einmal die Luftwaffe, wohin sie die beiden schicken werde.* Diese und auch andere Träume von Sergeant Sandra M. werden von ihren Freunden und auch von ihrem dienstlichen Vorgesetzten bezeugt, so daß es keinen Zweifel an ihrer Echtheit sowie an den Daten geben kann. Häufig ist ja in Zusammenhang mit Wahrträumen zu hören, die Träumenden erinnerten sich an das Material erst dann, wenn das Ereignis bereits stattgefunden habe. In diesem Fall und auch in vielen anderen, von denen ich noch berichten werde, ist ein solcher Vorwurf jedoch völlig unberechtigt.

Häufig werfen Ereignisse, die erst zu einem späteren Zeitpunkt stattfinden, einen Schatten voraus und gelangen so Leuten zur Kenntnis, die mit den Ereignissen selbst überhaupt nichts zu tun haben. Warum dies so ist und warum sich manche Leute auf zukünftige Ereignisse einstimmen können, die sie persönlich gar nicht betreffen, ist schwer zu sagen. Es gibt jedoch mehr als genügend Beweise dafür, daß dies wirklich geschieht, manchmal erschrickt der Träumende, manchmal ist er auch nur verwirrt.

Mrs. Elaine F. aus Chambersburg, Pennsylvanien, hatte 1969 einen Traum, in dem sie eine Gruppe von Mädchen, die ihr wie Pfadfinderinnen vorkamen, eine Party feiern sah. Sie selbst saß auf einem Baum und schaute der Feier zu. Plötzlich tauchten Leute wie aus dem Nichts auf und begannen die »Pfadfinderinnen« umzubringen. Die Mörder waren schwarz gekleidet und hatten buschiges Haar. Besonders furchterregend waren die Augen des Anführers, den sie ganz deutlich sah. Am darauffolgenden Morgen beschrieb sie die Szene in allen Einzelheiten, auch, wie sie das Blut aus den Wunden der Opfer hatte fließen sehen. Zehn Tage später machte die Ermordung Sharon Tates und einiger ihrer Freunde Schlagzeilen. Als Mrs. F. in der Zeitung ein Bild von Charles Manson sah, erkannte sie in ihm den Mann, den sie in ihrem Traum gesehen hatte.

E. W. ist Mitte 40, er hat Chemie studiert, arbeitet aber jetzt in einem anderen Beruf. Im Januar 1958 lebte er bei seinen Eltern in Florida und führte mit ihnen ein Geschäft. Eines Nachts hatte er einen Traum, in dem er gerade duschte, als das Telefon klingelte. Er wartete ein paar Augenblicke, weil er meinte, seine Eltern, die Frühaufsteher waren, würden abheben. Als das Klingeln jedoch nicht aufhörte, zog er sich seinen Bademantel über und lief nach oben zu einem Nebenanschluß in einem Schlafzimmer, das anscheinend schon seit Tagen nicht mehr benutzt worden war. Der Apparat stand auf einem Tischchen neben dem Bett. Mr. W. nahm den Hörer ab und meldete sich. Am anderen Ende der Leitung war seine Mutter: »Junge, ich bin bei Vati im Krankenhaus. Er liegt im Sterben. Hol bitte den Priester und komm so schnell wie möglich her!« Hier endete der merkwürdige Traum plötzlich, und Mr. W. stellte fest, daß er hellwach im Bett lag. Er machte sich wegen des Trauminhalts Sorgen, beschloß aber, seinen Eltern gegenüber nichts davon zu erwähnen. Sein damals 73jähriger Vater erfreute sich bester Gesundheit, und es gab keinerlei Grund für einen Krankenhausaufenthalt.

Dies geschah im Januar 1958. Ende April bemerkte Mr. W., daß sein Vater Sprechschwierigkeiten zu haben schien. Er brachte ihn schließlich zu einem Arzt, der einen Schlaganfall vermutete, sich aber nicht hundertprozentig festlegen wollte. Aus diesem Grund fuhr Mr. W. mit seinem Vater zu einem Gehirnspezialisten in einer größeren Stadt. Dieser stellte fest, daß Mr. W. sr. einen inoperablen Gehirntumor hatte. Da sie keine Hilfe erwarten konnten, fuhren die beiden Männer wieder nach Florida zurück. Am 15. Juli dieses Jahres stand Mr. W. verhältnismäßig früh auf und ging unter die Dusche. Er trocknete sich gerade ab, als das Telefon schrill zu läuten begann. Er zog sich seinen Bademantel über und hob sofort ab, während er im Traum ein paar Augenblicke lang gewartet hatte! Am anderen Ende der Leitung war seine Mutter, und sie sagte ganz genau die gleichen Worte, die er sie Monate vorher im Traum hatte sagen hören. »Junge, ich bin bei Vati im Krankenhaus. Er liegt im Sterben. Hol bitte den Priester und komm so schnell wie möglich her!«

Mrs. S. aus South Bend, Indiana, hatte das komische Gefühl, sie sollte wieder einmal ihren Großvater besuchen, der 120 Meilen entfernt in einer anderen Stadt lebte. Eines Nachts hatte sie einen Traum, in dem sie sich in einem Haus sah, das sie früher einmal bewohnt hatte. Im Gegensatz zu ihr hatten ihre drei Schwestern alle einen Brief von einem »Bert« bekommen. Als nächstes sah sie schwarzgekleidete Menschen um ein Grab stehen. Das war der Traum. Am darauffolgenden Morgen erhielt sie einen Anruf von einer ihrer Schwestern und erfuhr, daß ihr Großvater in der Nacht gestorben war. Sein Spitzname war »Bert« gewesen.

Charles T. Glover jr. wurde auf Long Island geboren, er ist 52, arbeitete zehn Jahre lang in der Werbung und im Verlagswesen, hat sich inzwischen aber in Oregon als Antiquitätenrestaurator selbständig gemacht. Er hat im Laufe der Jahre schon so viele paranormale Träume gehabt, daß er anfing, sie aufzuschreiben, um festzustellen, ob einige von ihnen später einmal Realität werden würden. Einmal hatte er folgenden Traum: Er saß in einem Zug, der in der Nähe einer Stadt unterirdisch weiterfuhr und schließlich neben einem langen Bahnsteig hielt. Er stieg aus und ging mit einer großen Menschenmenge den Bahnsteig entlang. Vor sich erkannte er in einiger Entfernung eine breite Treppe, auf die oben das Tageslicht einfiel. Als er die Stufen hochgegangen war, sah er vor sich einen schier endlosen überdachten Bahnsteig mit Gleisen auf beiden Seiten. Zur Rechten erblickte er im Traum eine große Stadt, die sich bis zum Horizont erstreckte, links jedoch war nichts als Verwüstung — zerstörte Häuser und Schutt. An dieser Stelle wachte Mr. Glover auf und notierte sich seinen Traum. Etwa ein Jahr später, im September 1942, kam er zum Militär und wurde nach Neuguinea, auf die Philippinen und schließlich auch nach Japan geschickt, wo er im September 1945 ankam. Stationiert war er in Zushi, einer kleinen Stadt etwa dreißig Meilen südlich von Tokio. Seinen ersten Wochenendurlaub benutzte er dazu, um nach Tokio zu fahren. Kurz vor der Stadt fuhr der Zug unterirdisch weiter und hielt schließlich neben einem langen Bahnsteig. Als er mit vielen Leuten auf eine breite Treppe zuging und die Stufen hinaufstieg, hatte er ein starkes Déjà-vu-Gefühl. Oben, auf einem überdachten Bahnsteig, erinnerte er sich plötzlich an seinen Traum: Zur Rechten lag der unzerstörte Teil Tokios, links dagegen, im Industrieviertel, waren die Folgen monatelanger amerikanischer Bombenangriffe zu sehen — die Verwüstung reichte bis an die Gleise heran.

Auch ein weiterer Traum scheint mir hier von Interesse. Im Sommer 1958 träumte Mr. Glover, er liege in einem Zelt und verbringe zusammen mit vielen anderen Menschen, die in Zelten, Schlafsäcken und Wohnanhängern schliefen, die Nacht auf einem Campingplatz in der Nähe eines Flusses. Hinter dem Platz ragte ein steiler felsiger Abhang auf. Plötzlich lösten sich unter lautem Getöse große Teile des Abhangs und begruben ihn und die anderen Camper unter Tonnen von Stein und Erde. Mr. Glover erzählte diesen Traum in allen Einzelheiten einer Bekannten, Flora G. aus San Francisco, die sich ebenfalls für paranormale Träume interessierte. Drei Tage später berichteten die Zeitungen in großer Aufmachung von einem Erdrutsch im Yosemite-Nationalpark. Dabei war ein Campingplatz verschüttet worden, so wie es Mr. Glover in seinem Traum gesehen hatte.

Interessanterweise kommt es in Träumen, ebenso wie bei anderen psychischen Eindrücken, manchmal zu einer Umkehrung von links und rechts oder oben und unten. Ein alter Aberglaube besagt, man müsse durch einen Spiegel gehen, um in die Welt der Magie zu gelangen, und der Spiegel sei die Grenzlinie zwischen der Welt der Realität und der der Phantasie. Tatsache ist natürlich, daß unsere Netzhaut die Dinge verkehrt herum sieht und sie erst umdreht, bevor sie den Seheindruck an die entsprechenden Gehirnzentren weiterleitet. In anderen Worten, wir sehen die Welt auf dem Kopf stehend, nehmen sie aber richtig herum wahr.

Mrs. Dixie B. aus Winston-Salem, North Carolina, verdanke ich den Traum eines ihrer Bekannten, des Choreographen Peter Van Muyden. Die beiden gehörten einer Experimentiergruppe an, die sich unter Anleitung des Predigers George Colgin von der örtlichen Baptistengemeinde mit Meditation und anderen Formen der Bewußtseinserweiterung beschäftigte.

In Holland hatte Mr. Van Muyden als junger Mann mehrmals einen völlig identischen Traum. Er sah ein an einer Schnellstraße gelegenes Schloß, in dessen Nähe sich ein Fluß schlängelte. Er ging durch die Tore, durch einen Rosengarten und betrat das Schloß. Auf der rechten Seite bemerkte er eine Treppe, und auf halber Höhe stand eine alte Frau. Er ging an ihr vorbei und sah zwei Türen. Er öffnete die rechte und kam in einen weinrot tapezierten Raum, in dem sich ein Mann erhängt hatte.

Der Traum ergab für ihn damals keinen Sinn, viele Jahre später jedoch, als er einmal zufällig ein Schloß besichtigen wollte, erkannte er in diesem das Schloß in seinen Träumen. Die Schnellstraße war ebenso da wie der Fluß, und auch die Tore waren die gleichen, lediglich der Rosengarten war auf der anderen Seite angelegt, gleichsam spiegelverkehrt. Als er das Schloß betreten hatte, das übrigens von einer alten Frau, der Tante des Eigentümers, bewohnt wurde, stellte er fest, daß die Treppe links war. Er ging die Stufen hinauf und entschloß sich, da der Rosengarten und die Treppe gegenüber seinem Traum seitenverkehrt waren, die linke Tür zu öffnen, diese war jedoch verschlossen. Als er darum bat, den Raum sehen zu dürfen, sagte man ihm, die Tante des Eigentümers erlaube dies nicht, weil sich der Bauunternehmer, der das Schloß renoviert hatte, darin erhängt habe. Als man ihm das Zimmer schließlich doch aufsperrte, sah er, daß es tatsächlich weinrot tapeziert war.

Interessant ist hier nicht nur, daß der Träumende ein Ereignis voraussah, noch bevor er Kontakt zu den Menschen hatte, die ihn schließlich zu dem Ort führten, wo das Ereignis stattgefunden hatte, sondern auch, daß der Traum eine Tragödie beinhaltete, den Selbstmord des Bauunternehmers, der ja doch von einigen Unwägbarkeiten abhing. Der Unternehmer erhängte sich jedenfalls, und Mr. Van Muydens Traum wurde somit viele Jahre später Realität.

Träume dieser Art scheinen eine fast schicksalsbedingte Kette von Ereignissen aufzuzeigen und sogar den scheinbar freien Willen sowie die Handlungsfreiheit von Menschen einzuschließen, die in keinerlei Beziehung zu dem Träumenden stehen!

Wahrscheinlich am wenigsten geneigt, parapsychisches Material als echt anzuerkennen, sind Magier und andere Illusionisten. Nur einige wenige haben bisher selbst Erlebnisse gehabt, über die sie nicht einfach hinwegsetzen können. Zu ihnen gehört Barrie Schlenker, der in Lehighton, Pennsylvanien, lebt und unter dem Künstlernamen Vincent Barrett auftritt. Der »Mann mit den Röntgenaugen« produziert sich in seinem Programm als Gedankenleser, er arbeitet jedoch mit Tricks, und es ist keinerlei mediale Fähigkeit im Spiel. Am 10. März 1964, er lebte damals bei seiner Mutter und seiner Großmutter, hatte er jedoch früh am Morgen einen eindeutig parapsychischen Traum.

»Ich träumte, ich führe aus einem mir unbekannten Grund nur im Schlafanzug und im Bademantel Auto. Ich wußte nicht, wohin ich fuhr, vielleicht hätte ich es aber noch herausbekommen, wenn ich den Traum hätte zu Ende träumen können, ich wurde jedoch durch das hartnäckige Bimmeln einer Glocke geweckt. Ich wußte sofort, was ich hörte: Meine Großmutter war schon seit längerer Zeit krank, sie hatte bereits mehrere Schlaganfälle erlitten und einige schwere Herzanfälle gehabt. Ich hatte aus diesem Grund im Treppenhaus eine Glocke angebracht und

Schnüre in sämtliche Zimmer des Hauses gelegt, damit sie sich von überall her bemerkbar machen konnte, falls sie sich nicht wohl fühlte und Hilfe brauchte. Eben diese Glocke riß mich am Morgen des 10. Mai 1964 aus dem Schlaf. Ich munterte mich auf, so schnell ich konnte, und lief hinunter, um nachzusehen, was los sei. Meine Mutter und meine Großmutter waren etwa eine Stunde vorher aufgestanden, hatten zusammen gefrühstückt und waren gerade dabeigewesen, das Geschirr zu spülen, als meine Großmutter erneut einen Herzanfall erlitten hatte. Sie hatte sich auf einen Stuhl gesetzt, von dem sie nie wieder aufstand. Als ich sie von der Treppe aus mit Kissen gestützt dasitzen sah, wußte ich, was passiert war. Meine Mutter sagte mir, ich solle schnell den Arzt anrufen und dann aufs Land fahren und meine Tante, Mutters Schwester, holen. Nachdem ich telefoniert hatte, warf ich mir einen Mantel über meinen Bademantel und meinen Schlafanzug, setzte mich ins Auto und fuhr los. Erst da erinnerte ich mich an den Traum, den ich kurze Zeit vorher gehabt hatte.«

Träume sind keineswegs immer Vorboten wichtiger Ereignisse, und sie enthalten auch nicht unbedingt Botschaften von entscheidender Bedeutung. Die meisten Träume stellen sich sogar als ziemlich unwichtig heraus, eben weil sie sich auf relativ unwichtige Dinge beziehen. Man fragt sich natürlich, warum sich die »maßgeblichen Stellen« die Mühe machen, Menschen wegen derartiger Belanglosigkeiten einen Blick in die Zukunft werfen zu lassen. Die Antwort ist ganz einfach: Paranormale Träume unterliegen ebenso Gesetzen wie alles andere in der Natur. Sie sind keine Launen von Individuen, auch nicht von jenseitigen. Hat ein Mensch die Gabe des parapsychischen Träumens, so übernimmt er alles Material, das sich dabei seinem Unbewußten einprägt, und erinnert sich beim Aufwachen daran, ganz egal, ob es wichtig ist oder nicht. Bei Traummaterial, das sich auf die sogenannte Zukunft bezieht, gibt es kein selektives Träumen. Andere paranormale Träume lassen sich aber durchaus steuern, doch davon später.

Margaret Ann Ross wurde in Dayton, Ohio, geboren, sie ist 41 Jahre alt und katholisch. Als sie sich mit mir in Verbindung setzte, arbeitete sie als Alleinsekretärin auf einem Luftwaffenstützpunkt im Mittleren Westen und hatte bereits mehrere offizielle Belobigungen wegen ihrer ausgezeichneten Arbeitsleistungen erhalten. Mrs. Ross, die verheiratet ist und drei Kinder hat, hat bereits zahlreiche ASW-Erlebnisse und paranormale Träume gehabt.

Im Sommer 1961 hatte sie zwei Nächte vor einer geplanten Party für ihre alten Schulfreundinnen einen Traum, in dem sie eine Freundin auf ihre Party kommen sah, der sie schon seit drei Jahren nicht mehr begegnet war. Diese Freundin trug ein auffallendes Kleid mit riesigen orangefarbenen Blumen auf schwarzem Untergrund, sie hatte schulterlange, strähnige Haare, die sie hinter die Ohren zurückgekämmt hatte, und machte insgesamt einen recht ungepflegten Eindruck. Die Gruppe tanzte auf der Terrasse, als vom Plattenspieler plötzlich ein Twist erklang. Als Mrs. Ross zu twisten begann, sagte ihre Freundin, sie könne das viel besser, und sie zeigte ihr und den anderen, wie ihre Nachbarskinder Twist tanzten. Sie erwies sich dabei als absolute Expertin auf diesem Gebiet.

Am Morgen erzählte Mrs. Ross ihrem Mann von ihrem Traum, auf den sie sich keinen Reim machen konnte. Am Partyabend kam ihre Freundin in genau dem Kleid, das sie im Traum gesehen hatte. Später am Abend erklang vom Plattenspieler tatsächlich ein Twist, und die folgende Szene spielte sich haarklein so ab, wie sie Mrs. Ross zwei Nächte zuvor geträumt hatte.

Da Mrs. Ross ein Verstandesmensch ist, suchte sie zuerst einmal nach einer natürlichen Erklärung für den Traum. Hatte sie möglicherweise die ihr bekannte Aggressivität ihrer Freundin in den Traum eingebracht? Wie war jedoch zu erklären, daß die Freundin ein Kleid trug, das sie noch nie gesehen hatte, und einen ziemlich ungepflegten Eindruck machte, obwohl sie früher immer so viel Wert auf ihr Äußeres gelegt hatte? Der Traum enthielt also auch neues Material über die Hauptakteurin, nicht nur bereits Bekanntes.

Mrs. Judith White wurde in Springfield, Massachusetts, geboren, sie ist Ende 30 und lebt schon seit ihrer Kindheit in Massachusetts. Sie heiratete mit 16 und lebt bei ihrem Mann und ihren 3 Kindern. Ihren ersten paranormalen Traum hatte sie im Alter von 12 Jahren. In diesem Traum waren ihre rechte Hand und die Finger unförmig angeschwollen, und sie erinnerte sich noch ganz deutlich daran, daß sie die Finger nicht bewegen konnte. Diesen Traum hatte sie insgesamt sechsmal. Am 11. Juni 1955, sie war damals 13, wurde sie in einen Autounfall verwickelt und schnitt sich dabei u. a. die Sehnen der rechten Hand durch. Sie mußte operiert werden, trug die Hand wochenlang in Gips und konnte deshalb natürlich die Finger nicht bewegen. Leider verstand sie damals, als sie die Träume hatte, deren Bedeutung nicht und war deshalb auch nicht vorgewarnt, als der Unfall passierte. Erkennt der Träumende die Gefahr, so hat er unter Umständen die Möglichkeit, den Zwischenfall oder Unfall zu vermeiden. Ich werde mich in einem späteren Kapitel noch ausführlich mit solchen Träumen befassen.

Gelegentlich treten paranormale Träume schubweise auf, und es kann durchaus sein, daß jemand einen solchen Traum hat und dann auf Jahre hinaus diese Fähigkeit verliert. Ob der Wiedergewinn der Fähigkeit mit der *Wichtigkeit* der Träume zu tun hat oder mit einer Veränderung in der Umwelt oder im körperlich-seelischen Befinden des Träumenden, ist schwer zu sagen. Vielleicht spielen beide Faktoren eine Rolle. Auf jeden Fall haben auch renommierte Medien Tage, an denen ihre parapsychische Aufnahmefähigkeit gleich Null ist. Bei Träumen mit dringenden Botschaften stehen sicherlich die Wichtigkeit und die Häufigkeit in einer nicht gering zu schätzenden Relation zueinander. In diesem Kapitel beschäftigen mich jedoch in erster Linie generelle parapsychische Träume, in denen sich der Träumende auf zukünftige Ereignisse einstimmt, ohne das Material selektiv auswerten, Träume, die unwichtige, ja sogar lächerliche Details ebenso einschließen wie Material, das für den Träumenden, für Bekannte von ihm oder auch für ihm völlig Unbekannte von allerhöchster Wichtigkeit ist.

Es ist also durchaus nichts Außergewöhnliches, daß Mrs. Judith White zwischen 1955 und 1964 keinen einzigen parapsychischen Traum hatte. 1964 lag ihre Schwiegermutter, die schon seit vielen Jahren kränkelte, wieder einmal im Krankenhaus. Diesmal hatte Mrs. White jedoch das dumpfe Gefühl, die alte Dame werde das Krankenhaus nicht mehr lebend verlassen. (Natürlich konnte sich dieses Gefühl ohne weiteres auf ihr Wissen um den Gesundheitszustand ihrer Schwiegermutter sowie auf ihre daraus resultierende Besorgnis gründen. Vorahnungen dieser Art, die nicht spezifisch und detailliert sind und keine Daten oder Fakten einschließen, die sich später mit den tatsächlichen Geschehnissen vergleichen lassen, können zwar durchaus parapsychisch sein, sind es aber meistens nicht. Wir sollten in solchen Fällen stets zuerst einmal nach einer natürlichen Erklärung suchen.) Eines Morgens, ihre Schwiegermutter lag noch immer im Krankenhaus, schlief Mrs. White nicht mehr fest, sie war aber auch nicht wach. Auf einmal sah sie ihre gesamte Verwandtschaft, auch ihren Schwager, der in Kalifornien lebte und den sie nur von Bildern kannte. Sie hatte das Gefühl, der Grund der Zusammenkunft sei der Tod ihrer Schwiegermutter. Dies ereignete sich 1964 in der ersten Märzwoche. Am 22. März starb die Schwiegermutter, und anläßlich des Begräbnisses traf sich die gesamte Verwandtschaft; auch ihr Schwager aus Kalifornien war da. Es war alles so, wie sie es Wochen vorher in ihrer Vision kurz vor dem Aufwachen gesehen hatte.

Wie unwichtig Träume dieser Art sein können, läßt sich sehr gut an einem anderen Traumerlebnis Mrs. Whites aufzeigen. Sie sah sich zusammen mit einer Frau und einem uniformierten Mann, die ihr beide unbekannt waren, an einem runden Tisch sitzen und Kaffee trinken. Plötzlich fragte sie den Mann nach seinem Namen. Dieser zeigte auf ein Namensschild auf seiner Uniform, auf dem »D. J. Brook« stand. Mrs. White hatte jedoch das Gefühl, am Ende des Familiennamens fehle noch ein Buchstabe, nämlich ein e. Sie wollte von dem Mann wissen, was D. J. bedeute und erfuhr von ihm, daß er Discjockey bei der Armee sei. Danach wachte sie auf und fragte sich, wer dieser Mann wohl sei und warum sie sich so deutlich an den Traum erinnere.

Sie rief sofort eine Freundin an, Mrs. Heather MacDonald, die in Indian Orchard, Massachusetts, lebt, erzählte ihr den Traum und bat sie, ebenfalls nach einem Mann dieses Namens Ausschau zu halten.

Drei Tage später ging sie in die Stadtbücherei und lieh sich wahllos ein paar Bücher aus. Zu Hause schlug sie eines auf und begann zu lesen. Die erste Zeile sprang ihr geradezu in die Augen. Sie lautete: »Auf dem Türschild stand der Name ›Dr. John Brooke‹.«

Der bewußte oder logische Teil des Verstandes kann natürlich selbst im Traum die Initialen D. J. leicht als Discjockey deuten, da die Abkürzung DJ in Amerika sehr gebräuchlich ist. Warum aber wurde ein derartig unbedeutendes Ereignis wie das Lesen einer Zeile in einem wahllos aus der Bücherei entliehenen Buch in einem parapsychischen Traum angekündigt? Auch hier kann die Antwort nur sein, daß sich in dieser Traumkategorie der Träumende fast mechanisch auf die sogenannte Zukunft einstimmt, ohne dabei unbedingt ein bestimmtes Ziel zu verfolgen. Das Ganze läßt sich mit einem auf einem hohen Turm angebrachten Suchscheinwerfer vergleichen, der in regelmäßigen Abständen den darunterliegenden Strand abtastet. Manchmal gerät etwas in den Lichtkegel und gelangt so dem Mann, der den Scheinwerfer bedient, zur Kenntnis, in den meisten Fällen tastet der Scheinwerfer jedoch nur den völlig leeren Strand ab.

Ein vielleicht noch besseres Beispiel ist ein Traum, den Mrs. White am 28. Juli 1969 hatte. In diesem Traum, an den sie sich nach dem Erwachen ganz deutlich erinnerte, sah sie sich ihre Straße entlangfahren. In der Nähe ihres Hauses tollten einige Kinder herum, und auf der Auffahrt zum Nachbarhaus luden ihre Nachbarn Koffer aus dem Auto, so, als ob sie gerade von einem längeren Urlaub zurückgekommen seien. Mrs. White wunderte sich beim Aufwachen darüber, daß sie ausgerechnet von ihren Nachbarn geträumt hatte, denn das Verhältnis zwischen den beiden Familien war nicht das allerbeste. Sie erzählte aber dennoch einer Freundin von dem Traum, denn es war ja nicht auszuschließen, daß er später einmal wichtig werden würde.

Am 31. Juli, also drei Tage später, war Mrs. White mit ihrer

Familie im Auto auf dem Heimweg, als sich kurz vor ihrem Haus genau die gleiche Szene abspielte, die sie in ihrem Traum gesehen hatte. Das alles war natürlich belanglos, völlig belanglos sogar. Glücklicherweise hat Mrs. White eine gesunde Einstellung zu ihrer Begabung. »Mir sind alle Träume und Visionen willkommen, weil mich die Welt des Übersinnlichen fasziniert. Es wäre schön, wenn sich auch andere Leute mit der Tatsache abfinden würden, daß solche Dinge geschehen. Leider scheinen sie sich vor allem Unbekannten zu fürchten. Ich dagegen kann gar nicht genug erfahren.«

Mrs. Barbara G. Heath, eine Frau Ende 30, die mit ihrem Mann und ihren drei Kindern in einer Stadt in Louisiana lebt, war vor ihrer Ehe Stenotypistin. Sie hat in ihrem Leben bereits zahlreiche Wahrträume gehabt. Einen der interessantesten hatte sie am 3. Juli 1969. Sie träumte, sie sei wieder in ihrer Geburtsstadt Richmond, Virginia, und fahre den Brookland Park Boulevard hinunter, also durch den Teil der Stadt, in dem sie aufgewachsen war. Er sah jedoch nicht mehr so aus wie früher: Alte Häuser waren abgerissen worden, neue an ihrer Stelle gebaut worden. Auch das alte Haus, in dem sie einmal gewohnt hatte, stand nicht mehr. Mrs. Heath kam sich verloren vor, fast wie in einer fremden Stadt. Im weiteren Verlauf des Traums, der ihr hinterher ungewöhnlich lang vorkam, sah sie sich auf einmal aus dem Fenster eines Hauses schauen. Draußen wütete ein furchtbarer Sturm. Sie bemerkte, daß das Haus fast bis zu ihrem Fenster im Wasser stand, obwohl dieses ihrer Meinung nach im dritten Stock war, und daß sich überall an den Mauern Wellen brachen. In der Nähe sah sie ein schlingerndes Boot, und auf einmal wollte sie aus irgendeinem Grund über die Straße gehen und sich Kopfschmerztabletten kaufen, eine ihr unbekannte Frau hielt sie jedoch zurück und sagte ihr, sie werde ertrinken. Als das Boot an einem Gebäude vorbeitrieb, stürzte dessen rückwärtiger Teil, eine Art Freizeithalle oder Festsaal, ein, es schien sich aber niemand darin aufgehalten zu haben. Plötzlich sah sich Mrs. Heath im Stadtzentrum, in der Nähe des James Rivers, vor einem großen Kaufhaus stehen, entweder vor Miller and Rhodes oder vor

Talheimers'. Es hatte in der Zwischenzeit aufgehört zu regnen, und die Menschen machten ihre Schirme zu. Vor dem Kaufhaus verkauften, wie in Richmond üblich, Frauen Blumen. An dieser Stelle erwachte Mrs. Heath aus ihrem Traum.

Neun Tage später fuhr sie mit ihrer Familie im Urlaub nach Richmond, Virginia, um ihre Mutter und andere Verwandten zu besuchen. Alles in der Stadt war genauso, wie sie es im Traum gesehen hatte. Ihr altes Haus stand zwar noch, es war aber renoviert worden. Was Mrs. Heath jedoch nicht verstand, war der zweite Teil ihres Traumes, in dessen Mittelpunkt die Überschwemmung gestanden war. Nach ihrer Rückkehr erzählte sie den Traum deshalb einer Freundin, Mrs. Nancy Ernest aus Lafayette, Louisiana. Zwei Wochen später berichteten die Zeitungen von einer Überschwemmung in Virginia, auch der James River war über die Ufer getreten.

Wir haben es hier mit zwei gesonderten Träumen zu tun, die durch einen gemeinsamen Nenner, die Örtlichkeit, miteinander verbunden sind. Obwohl die Träumende nicht dabei war, als der zweite Teil ihres Traums in Erfüllung ging, träumte sie trotzdem davon, denn sie war auf die Zukunft eines Ortes fixiert, den sie besuchen wollte. Und weil sie Richmond im Traum besuchte, drängte sich ein zukünftiges Erlebnis im »Leben« dieser Stadt in ihren ursprünglichen Traum. Das ist fast so, als ob man in einer Gegend einfach ins Blaue hinein knipst. Je nach dem Blickwinkel der Kamera ist der Ausschnitt verschieden. Wenn man die Kamera nach links oder rechts schwenkt, kommt ein anderer Teil des Panoramas ins Bild. Das Panorama selbst ist unteilbar, es erstreckt sich vom linken Horizont zum rechten sowie nach oben und nach unten. Der Ausschnitt wird jedoch durch das Auge des Beschauers oder durch die Linse der Kamera begrenzt, und man sieht demzufolge nur einen Teil des Ganzen.

Mrs. Heath ist der Meinung, daß Träume dieser Art und die nachfolgenden Ereignisse nicht immer deckungsgleich seien. »Ich kann aus eigener Erfahrung sagen, daß es machmal in Einzelheiten zu Abweichungen kommt; gelegentlich stößt auch das, was in meinen Träumen bestimmten Personen zustößt, deren Bekannten oder Verwandten zu. Ab und zu spiele ich auch selbst die Rolle der Person, der etwas passiert, und meine Familie agiert stellvertretend für irgendeine andere Familie.«

In vielen solchen Träumen geht es zwar um Tod und Tragödien, sie dürfen aber dennoch nicht mit sogenannten Warnträumen verwechselt werden. Bei Warnträumen, mit denen ich mich noch eingehend beschäftigen werde, hat man die Möglichkeit, gewisse Vorkehrungen zu treffen, bei den Träumen, um die es in diesem Kapitel geht, tritt das Ereignis jedoch immer so ein, wie es vorhergesehen wurde, wenn auch manchmal Einzelheiten nicht völlig übereinstimmen.

Mrs. Grace Middleton, eine ehemalige Krankenschwester, lebt in Kentucky. Sie hat seit 1938 schon zahlreiche parapsychische Erlebnisse gehabt, Erscheinungen ebenso wie beispielsweise Warnträume. In den vierziger Jahren machte sie einmal zusammen mit ihrem Mann in Florida Urlaub, als sie eines Nachts träumte, sie gehe mit ihm in einem Trauerzug durch den Mittelgang ihrer Kirche. Vor dem Altar sah sie einen Sarg. Als sie hineinschauen wollte, legte sich jedoch eine Hand auf ihre Schulter und zog sie zurück. Normalerweise war bei solchen Anlässen links und rechts des Sarges Blumenschmuck, in diesem Traum jedoch standen die Blumen zu beiden Seiten der Kanzel, die sich auf einem Podest befand. Das war so ungewöhnlich, daß Mrs. Middleton nach dem Erwachen ihrem Mann von dem Traum erzählte und gleichzeitig beschloß, sich nach ihrer Rückkehr mit dem Blumenhändler in Verbindung zu setzen, den sie persönlich kannte. Auf der Heimreise hatte sie den gleichen Traum noch zweimal. Als sie die Haustür aufsperrte, hörte sie das Telefon läuten. Sie nahm ab, und eine fremde Stimme sagte zu ihr: »Gott sei Dank sind Sie endlich zurück! Sie verzögern das Begräbnis schon Ihretwegen, aber viel länger können sie nicht mehr warten!«

Sie erfuhr, daß es sich bei dem Toten um Irvin, den Cousin ihres Mannes, handelte, der von ihrer Schwiegermutter aufgezogen worden war, weshalb die beiden Männer wie Brüder gewesen waren. Sie eilten in die Kirche; als sie durch den Mittelgang gingen, faßte Mrs. Middleton ihren Mann am Arm und zeigte auf die Kanzel. Die Blumen standen genau dort, wo sie sie in ihren Träumen hatte stehen sehen.

Die eben geschilderten Träume enthielten eine absolut wichtige Botschaft, wenn sie auch nicht erreichten, was sie erreichen sollten, nämlich Mr. und Mrs. Middleton rechtzeitig zum Begräbnis wieder nach Hause zu bringen. Nachdem Mrs. Middleton dreimal den gleichen Traum hatte, ist es durchaus vorstellbar, daß der Verstorbene zu ihr durchzukommen versuchte, weil er sie und ihren Mann auf seinem Begräbnis haben wollte. Da der Tote in ihren Träumen aber anonym blieb, weiß ich natürlich nicht genau, ob diese Deutung stimmt.

Einen weiteren Warntraum, den sie nicht als solchen erkannte, hatte Mrs. Middleton 1952, als sie ihren Sommerurlaub in Denver, Colorado, verbrachte. In diesem Traum, den sie übrigens zweimal hatte, sah sie einen Sarg im Bestattungsinstitut ihres Heimatorts, und sie bemerkte, daß die Möbel, die eigentlich alle ihren festen Platz hatten, teilweise umgestellt worden waren. So stand beispielsweise das Sofa, das immer vor dem Sarg gestanden war, nun rechts davon. Im weiteren Verlauf des Traums sah Mrs. Middleton, die in der Mitte des Sofas saß, ihre Sonntagsschullehrerin hereinkommen. Obwohl links von ihr noch Platz war, nahm die Lehrerin auf ihrer rechten Seite Platz, legte den Arm und sie und sagte: »Es tut mir so leid für Sie, ich weiß gar nicht, was ich machen soll.« Vor sich sah Mrs. Middleton Blumen, in deren Mitte sich ein aus weißen Lilien gebundenes Kreuz befand. Als sie diesen Traum zum zweiten Mal gehabt hatte, erzählte sie ihrem Mann davon und äußerte gleichzeitig die Befürchtung, dem Enkel der Sonntagsschullehrerin, der bei ihrer Abreise schwer krank gewesen war, sei etwas zugestoßen. Sie entschloß sich, der Lehrerin in einem netten Brief zu schreiben, wieviel sie ihr, der Kirche und der Stadt bedeute. Als sie aber nach ihrer Rückkehr erfuhr, daß der Enkel ihrer Lehrerin wieder gesund sei, verbannte sie den Traum aus ihren Gedanken. Dann, am 26. September 1952, wurde ihr Warntraum grausame Wirklichkeit: Sie war im Bestattungsinstitut, die Möbel waren so verstellt worden, wie sie es geträumt hatte, und inmitten der Blumen befand sich ein aus weißen Lilien gebundenes Kreuz; im Sarg lag jedoch ihr Mann, der völlig unerwartet einem Herzanfall erlegen war. Ihre alte Sonntagsschullehrerin tröstete sie mit genau den gleichen Worten, die sie bereits zwei Monate vorher in Mrs. Middletons Traum gebraucht hatte.

Hier geht es um mehr als nur um einen Vorgriff auf ein Ereignis, das später tatsächlich eintrat, hier geht es vor allem darum, daß jemand Worte wählte, an die er erst gedacht haben konnte, als eine Notwendigkeit dafür bestand. Die Lehrerin hätte die gleiche Empfindung auch anders ausdrücken können, sie tat es aber nicht. Wie kommt es, daß wir ausgerechnet diese Worte wählen und keine anderen, und wie ist es möglich, daß jemand schon im voraus weiß, welche bestimmten Ausdrücke wir bei bestimmten Gelegenheiten gebrauchen werden? Werden wir, ohne es zu wissen, von einer mächtigen Kraft, dem Schicksal, beherrscht oder wirken unsere Handlungen und Gedanken, die dem freien Willen entspringen, der sogenannten objektiven Realität voraus, so daß sie mancher vorzeitig wahrnehmen kann? Bei solchen Erwägungen scheint es unumgänglich, daß wir unsere Vorstellungen von Zeit und Raum, vielleicht sogar unsere Position in diesem Kontinuum überdenken.

Eine weitere Frage drängt sich auf: Wieviel *dürfen* wir eigentlich über Ereignisse erfahren, die später in unserem Leben stattfinden? Für mich steht außer Zweifel, daß es über das uns bekannte Gesetz von Ursache und Wirkung hinaus ein planvolles System gibt, das die Art und den Umfang der Informationen regelt, die wir über zukünftige Ereignisse erhalten können. Meine langjährigen Forschungen lassen den Schluß zu, daß wir manchmal ganz exakt im voraus informiert werden, manchmal dagegen überhaupt nicht. Dazwischen liegen Träume, die »verschleierte Informationen« enthalten; sie sind nicht symbolisch, sondern erlangen erst im Rückblick Bedeutung, es sei denn, ein ganz Gewitzter schöpft alle Deutungsmöglichkeiten aus.

Im Fall der Mrs. Middleton sollte ein Traum nicht unerwähnt bleiben, den sie kurz vor dem Ableben ihres Mannes hatte. In diesem Traum sah sie in der Tür zu ihrem Schlafzimmer ihre verstorbene Mutter stehen, die sie mitleidvoll anblickte. Dies träumte sie in drei aufeinanderfolgenden Nächten, und am Tag nach dem letzten Mal starb ihr Mann. Ganz offensichtlich wußte die Mutter, daß Mr. Middleton dem Tod nahe war, und bewies damit, daß die Toten häufig im voraus über Ereignisse informiert sind, von denen wir, die Lebenden, keine Ahnung haben, es sei denn, wir haben parapsychische Erlebnisse. Das heißt nicht unbedingt, daß die Toten schlauer sind als die Lebenden, es bedeutet aber, daß es ein Informationsreservoir geben muß, aus dem sich die Toten nach Belieben bedienen können. Weiterhin wird damit bewiesen, daß wir diese Welt nach einem ausgeklügelten System verlassen, das durch Gesetze geregelt wird, von denen wir bisher nur sehr wenig wissen. Die Menschen sterben also nicht zufällig, und der Tod tritt auch nicht unerwartet ein. Wir glauben das nur, weil wir von unserem Standpunkt aus nicht das gesamte Bild sehen.

Je mehr wir uns jedoch mit parapsychischem Traummaterial und der Möglichkeit seiner Existenz vertraut machen, desto weiter werden wir auf das Gebiet des Vorherwissens eindringen und desto besser werden wir größere Teile des Gesamtbildes verstehen, von der physischen Seite des Lebens her ebenso wie von der nichtphysischen. Weil wir noch am Leben sind, ist es uns unmöglich, das gesamte Bild zu kennen. Erst wenn wir den körperlichen Leib verlassen, erfahren wir alles über uns selbst. Nur die Existenz als Geist ist vollkommen, während die Körperlichkeit den Beschränkungen der dreidimensionalen Welt unterliegt, die für gewöhnlich das Wissen um Zukünftiges ausschließt. Im Verlauf von parapsychischen Träumen sind wir vorübergehend und teilweise in der Lage, den »eisernen Vorhang« zwischen der dreidimensionalen Welt und der vollkommenen Welt der Geister zu durchdringen und auf diese Weise Teilinformationen zu erhalten, die in letzterer für jedermann deutlich erkennbar sind.

Verhältnismäßig häufig haben kleine Kinder parapsychische Träume. Das ist nicht weiter verwunderlich, denn im Alter zwischen vier und acht Jahren scheint die außersinnliche Wahrnehmung besonders ausgeprägt zu sein; sie verschwindet dann oft und manifestiert sich erst wieder zwischen siebzehn und achtzehn Jahren. Ein gutes Beispiel ist Mrs. Sandra Staylor, die ihren ersten paranormalen Traum hatte, als sie sechs war. Sie ist inzwischen Mitte Dreißig, Hausfrau, hat zwei Söhne und lebt an der Peripherie von Portsmouth, Virginia. Ihr Mann ist bei einer Elektrizitätsgesellschaft beschäftigt, sie selbst arbeitete vor ihrer Ehe als Kassiererin und Buchhalterin.

In dem Traum, um den es hier geht, baute ihr Vater auf einem Grundstück zwischen seinem Haus und dem des Nachbarn, dessen Tochter ein Jahr jünger als Sandra war. Die beiden Mädchen spielten auf dem Erdhaufen, der durch die Auskellerungsarbeiten entstanden war, als die Nachbarstochter plötzlich sagte: »Meine Tante hat in der Nacht ein Baby bekommen und es Nancy genannt.«

Etwas mehr als zwei Jahre *später* kaufte Mrs. Staylors Vater, ein Bauunternehmer, das Grundstück zwischen seinem Haus und dem des Nachbarn. Er hatte vor, darauf ein Haus zu errichten und dieses anschließend zu verkaufen. Durch die Auskellerungsarbeiten entstand ein Erdhaufen, auf dem Sandra und ihre Freundin eines Tages spielten. Plötzlich sagte das Nachbarmädchen: »Meine Tante hat in der Nacht ein Baby bekommen.« Sandra fiel ihr ins Wort: »Ja, ich weiß, und sie hat es Nancy genannt.« Das stellte sich natürlich als völlig richtig heraus.

Damals, als Sandra ihren Traum hatte, hatte weder ihr Vater die Absicht, das Grundstück zu kaufen, noch hatte sich die Tante des Nachbarmädchens den Namen Nancy für ihre Tochter ausgesucht, sie war ja zu dieser Zeit noch nicht einmal schwanger!

Manchmal stimmen sich paranormale Träume dieser Art auf Ereignisse in ferner Zukunft ein, manchmal auch auf solche, die sich nur ein paar Stunden später abspielen. Als Mrs. Staylor die High-School besuchte, war sie einmal vierzehn Tage lang wegen einer Grippe zu Hause und wußte deshalb auch gar nicht, was in der Schule vorging und was geplant war. In der Nacht, bevor sie wieder am Unterricht teilnehmen wollte, hatte sie einen Traum, in dem sie sich in der Schulaula eine Tierschau leiten sah. Sie hatte Schlangen, ein Gürteltier, einen Löwen und viele andere

Tiere. Als sie den Löwen aus seinem Käfig nahm, brüllte ihn ein Junge unter den Zuschauern an, worauf sich das Tier losriß und Anstalten machte, sich auf den Jungen zu stürzen. Die Kinder mußten daraufhin alle die Aula verlassen, und der Löwe wurde wieder eingefangen, bevor er jemanden verletzen konnte.

Am Morgen ging Sandra wieder in die Schule, und im Laufe des Vormittags wurden ihre und andere Klassen in die Aula zu einer Tierschau geführt, die von einer Frau geleitet wurde. Sie hatte all die Tiere, die Sandra in ihrem Traum gesehen hatte. Als sie den Löwen aus seinem Käfig ließ, begann ihn der Junge neben Sandra anzubrüllen, worauf sich das Tier losriß. Die Kinder mußten auf Geheiß des Direktors die Aula verlassen. Glücklicherweise wurde der Löwe wieder eingefangen, bevor er jemanden verletzen konnte, so, wie es Sandra geträumt hatte.

Dieser Traum enthielt keinerlei Warnung, und Sandra hatte auch nichts davon, daß sie schon im voraus von dem Geschehnis wußte, sie sah lediglich einen Film, bevor andere die Möglichkeit dazu hatten.

»Ich glaube ganz fest an Gott, und ich bin überzeugt davon, daß er uns auf diese Weise vor zukünftigen Dingen warnt«, erklärt Sandra Staylor. »Ich glaub nicht an Vorherbestimmung, ich glaube, daß wir uns unsere Zukunft selbst schaffen und daß uns Gott vor den Folgen unserer Taten warnt. Ich glaube, daß einige Vorhersagen deshalb nicht eintreffen, weil die Betroffenen sehen oder gesagt bekommen, was auf sie zukommt, weil sie daraus die Konsequenzen ziehen und so ihrem Schicksal entgegentreten.« Das ist natürlich nur Mrs. Staylors persönliche Überzeugung, die sie aufgrund eigener Erlebnisse gewonnen hat. Hätte sie auch parapsychische Träume, die keine Warnung enthalten oder gegen deren Verwirklichung man nichts tun kann, so dächte sie möglicherweise anders über das Wesen und die Realität der Vorherbestimmung oder darüber, daß von irgendeinem System Dinge in Gang gesetzt werden, denen wir nicht entrinnen können.

Regina Rudiger träumte Ende 1932 oder Anfang 1933, ihrer gesamten Abteilung werde gekündigt. Sie arbeitete damals als kaufmännische Angestellte bei einer Firma, die mit der New Yorker Börse zu tun hatte. Als sie am nächsten Tag im Kollegenkreis von ihrem Traum erzählte, wurde sie ausgelacht. Drei Monate später wurde der Traum jedoch harte Wirklichkeit. Die Abteilung wurde aufgelöst, die Arbeit wurde von einer anderen Abteilung mit übernommen, und die rund zwanzig Angestellten wurden alle entlassen. Damals, als Mrs. Rudiger ihren Traum hatte, war eine derartige Entscheidung mehr als unwahrscheinlich.

Die sogenannte Zukunft ist ohne Zweifel weder starr noch unabänderlich. Bestimmte Ereignisse sind jedoch vorausgeplant, weil unsere Reaktion darauf für den weiteren Verlauf unseres Lebens von großer Wichtigkeit zu sein scheint. Auch die Ansammlung eines positiven oder negativen Karmas ist davon betroffen. Es gibt jedoch genügend Hinweise dafür, daß die Zukunft erst im Lauf unseres Lebens Gestalt annimmt und daß sich ein Träumender manchmal nur auf einen Teil von ihr einstimmen kann, während er zu einem späteren Zeitpunkt möglicherweise mehr sieht.

Ich habe in meinen Unterlagen einen interessanten Traum von Sara McA., die damals, als sie sich mit mir in Verbindung setzte, in Magnolia, Arkansas, wohnte. Als sie zehn Jahre alt war, träumte sie wiederholt von einem Haus, das sie im Leben noch nie gesehen hatte. Es war gar nichts Besonderes an diesem Haus, sie bemerkte aber, daß direkt davor eine Schotterstraße vorbeiführte. Sieben Jahre später fuhr sie in eine Stadt, in der sie zuvor noch nie gewesen war. Dort fand sie zu ihrem Erstaunen das Haus, das sie in ihrem Traum gesehen hatte, es führte jedoch keine Schotterstraße daran vorbei! Im darauffolgenden Jahr fuhr sie noch einmal in diese Stadt und stand abermals vor dem Haus aus ihrem Traum. Ich glaube, Sie können sich ihre Überraschung vorstellen, als sie bemerkte, daß in der Zwischenzeit eine Schotterstraße angelegt worden war.

Es scheint fast so, als ob Ereignisse sich mit einer bestimmten Geschwindigkeit entlang einer Zeitachse bewegen und daß wir in diesem Drama oder in dieser Komödie, je nachdem, auf einer anderen Ebene agieren. Manchmal haben wir offenbar die Möglichkeit, von unserer langsameren Bahn auf die schnellere Zeitbahn zu springen und einen Blick von unserer Zukunft zu erhaschen, die jedoch aus der Sicht der schnelleren Zeitbahn in der Gegenwart liegt. Das Verhältnis zwischen dem parapsychisch Träumenden und Ereignissen in der Zukunft ist absolut relativ, und wenn wir in der Lage wären, den Ablauf unseres Lebens sowie den unserer Traumereignisse von einem neutralen Standpunkt aus zu beobachten, so könnten wir vielleicht auch die Natur dessen, was wir in Ermangelung eines besseren Ausdrucks als Zukunft bezeichnen, besser verstehen. Gewinnen wir keine neuen Einsichten in das Wesen der Zeit, wird es uns nie gelingen, bestimmte prophetische Träume mit unserer natürlichen, angeborenen Vorstellung von einem geordneten, logisch funktionierenden Universum in Einklang zu bringen.

Ein gutes Beispiel ist ein Traum, den Ingrid B. vor ein paar Jahren hatte: »In der Woche zwischen dem 6. und 10. Januar 1975 hatte ich einen intensiven Traum, in dem ich auf eine Antiquitätenmesse ging und dort einige Händler traf, die ich schon von früher kannte. Ich hatte sie jedoch seit mindestens neun Monaten nicht mehr gesehen, und bevor ich aus meiner alten Wohnung ausgezogen war, war unser Verhältnis nicht das allerbeste gewesen. Einer von ihnen hatte ein paar hübsche Vogelfiguren, die ich schon seit langem wollte. Ich sah mich die Vögel kaufen und hörte den Mann sagen: ›Das freut mich, wir hatten sie nämlich lange in unserer eigenen Sammlung.‹ Hier endete mein Traum. In der darauffolgenden Woche, am 14. Januar, gingen wir tatsächlich auf die Messe, und die Leute, von denen ich geträumt hatte, waren ebenso dort wie die Vogelfiguren. Als ich schon im Gehen begriffen war, sagte der Mann, von dem ich die Vogelfiguren gekauft hatte: ›Sie werden bestimmt viel Freude daran haben. Sie waren lange in unserer eigenen Sammlung.‹«

Absurd wäre hier die Annahme, der Antiquitätenhändler könnte sich seine genauen Worte schon eine Woche vorher überlegt haben, also schon, bevor er überhaupt wußte, daß eine Dame, die er seit neun Monaten nicht mehr gesehen hatte, zu seinem Stand auf der Messe kommen werde. Ingrid las auch nicht seine Gedanken durch irgendeine parapsychische Eingebung, da er diese Gedanken gar nicht hatte und auch bestimmt nicht daran dachte, daß Ingrid die Vogelfiguren kaufen werde. Nicht minder absurd scheint aber auch die Annahme, eine Supermacht im Jenseits habe sie angewiesen, auf die Messe zu gehen, und habe gleichzeitig den Händler veranlaßt, genau die Worte zu sprechen, die ihn Ingrid eine Woche vorher in ihrem Traum hatte sagen hören. Der ganze Vorgang scheint mehr oder weniger belanglos zu sein, wir können deswegen in ihm auch keine tiefere moralische oder andere Bedeutung sehen, vielleicht sollte Ingrid lediglich davon überzeugt werden, daß sie in ihren parapsychischen Träumen tatsächlich zukünftige Ereignisse sehen könne.

Welche Methode liegt dieser Fähigkeit zugrunde? Warum haben so viele Menschen diese Fähigkeit? Traummaterial solcher Art läßt den Schluß zu, daß es irgendein von der Person unabhängiges System geben muß, daß nicht zwischen wichtigem und unbedeutendem Traummaterial unterscheidet und das unter bestimmten Voraussetzungen fast automatisch in Kraft tritt. Wie diese Voraussetzungen aussehen, wissen wir bis jetzt noch nicht genau, wenn wir uns jedoch in zunehmendem Maße mit überprüftem Traummaterial beschäftigen, kann es durchaus sein, daß wir einmal über einen relativ einfachen Plan stolpern, der hinter diesen außergewöhnlichen Vorkommnissen steht.

Alles deutet darauf hin, daß das Schicksal nach einem bestimmten Plan abläuft: Wie ich bereits ausführlich in meinem Buch *Plattern of Destiny* dargelegt habe, geschieht im Universum nichts zufällig oder ohne guten Grund; es gibt genügend Beweise dafür, daß die Ereignisse in unserem Leben vorherbestimmt sind, um unsere Reaktion darauf zu testen, und wenn uns einige dieser Ereignisse unbedeutend vorkommen, so mag das damit zusammenhängen, daß sie einer anderen Wichtigkeitskategorie angehören als derjenigen, die wir bei unserer Beurteilung zugrunde legen.

Nehmen wir beispielsweise den Fall der Joan Adams, einer Hausfrau aus New York City. Sie ist Ende 30, hat drei Kinder, war früher Malerin und Bildhauerin und arbeitete auch schon in der Musikbranche. Kurz vor ihrem 19. Geburtstag, in der ersten Dezemberhälfte des Jahres 1962, hatte sie einen äußerst seltsamen präkognitiven Traum, in dem sie einem jungen Mann mit pechschwarzem Haar an einem Tisch gegenübersaß. Mehr konnte sie nicht ausmachen, lediglich im Hintergrund sah sie ein verschwommenes Weiß. Plötzlich schoß von hinten eine Faust an dem Jungen vorbei und erschreckte ihn. Während er noch nach Luft schnappte, hörte Mrs. Adams eine Mädchenstimme sagen: »Es ist eine Eule!« In diesem Moment wachte sie auf. Der Traum, an den sie sich ganz deutlich erinnerte, ergab für sie absolut keinen Sinn, und sie schlief bald darauf wieder ein.

Zwei Wochen später lud sie eine Freundin, Barbara R. zu einer Silvesterparty nach Brooklyn ein. Mrs. Adams wußte nicht, wer die anderen Teilnehmer sein würden, und sie war auch noch nie in dem Haus gewesen. Auf der Party waren viele elegant gekleidete Mädchen, eines hatte jedoch ein weißes altmodisches Rüschenkleid an. Irgendwann einmal im Laufe des Abends saßen einige Gäste an einem runden Tisch und unterhielten sich. Rechts von Mrs. Adams saß Barbara, ihr gegenüber ein junger Mann, dessen Freundin, das Mädchen in dem weißen Kleid, hinter ihm stand. Dann ereignete sich haargenau das, was Mrs. Adams in ihrem Traum gesehen hatte. Das Mädchen hielt seinem Freund plötzlich die Faust vors Gesicht und sagte: »Es ist eine Eule!« Einen Unterschied gab es aber doch: Während der Traum an dieser Stelle geendet hatte, machte das Mädchen auf der Party die Faust auf und zeigte eine winzige Holzeule.

Auch den Sinn dieses präkognitiven Traums kann man in Frage stellen, möglicherweise diente er dazu, Mrs. Adams, die sich — vielleicht nur unbewußt — mit dem Silvesterabend beschäftigte, mitzuteilen, sie werde nicht allein sein und werde einen angenehmen Abend verbringen. Das würde allerdings voraussetzen, daß irgendeine Kraft außerhalb ihrer selbst Mrs. Adams diesen Blick in die Zukunft werfen ließ. Verfolgt also ein parapsychischer Traum einen wichtigen Zweck, so ist nicht auszuschließen, daß eine Kraft außerhalb des Träumenden, wenn nicht eine Person, dann zumindest ein Gesetz, hinter ihm steht.

Die allermeisten Träume, die ich dieser Kategorie zugeordnet habe, müssen vom Träumenden nicht erst lang und breit gedeutet werden. Das Unbewußte übermittelt in ihnen dem Bewußtsein eine Botschaft, in der Erwartung, diese werde sich eines Tages so traumgetreu wie nur möglich erfüllen.

Gelegentlich gibt es jedoch Träume, die vom Träumenden gedeutet, ja sogar symbolisch entschlüsselt werden müssen. Mrs. Helen J. lebt mit ihrem Mann, einem Elektriker, im Staat New York. Am 12. März 1964 hatte sie kurz nach dem Einschlafen einen Traum, in dem sie durch die Türklingel aus dem Schlaf gerissen wurde. Sie fragte sich beim Hinuntergehen, wer das wohl sein könne, da ihr Mann und ihre drei Söhne bereits schliefen. Als sie den Vorhang an der Tür zurückzog, um nach draußen zu sehen, wurde sie starr vor Entsetzen. »Ich konnte zwar niemanden sehen, mir wurde aber im Bruchteil einer Sekunde klar, daß der Tod draußen stand. Ich wußte, daß ich ihm den Zutritt nicht verwehren konnte, und ich spürte im selben Moment, wie eine Welle des Mitleids von ihm auf mich überfloß. In panischer Angst rannte ich nach oben in mein Schlafzimmer und öffnete wie unter Zwang das Fenster.« Als sie hinausschaute, erblickte sie eine Unfallstelle, an der sich zahlreiche Schaulustige versammelt hatten. Auch die Polizei und ein Rettungswagen waren bereits eingetroffen. Sie begann zu schreien und wachte, noch immer schreiend, im Bett auf. Sie knipste ihre Nachttischlampe an und sah auf den Wecker: Es war genau 23.30 Uhr.

Kurz danach fiel sie in einen unruhigen Schlaf zurück. Am nächsten Morgen, es war übrigens Freitag, der 13., sagte sie ihrem Mann, sie würden von einem Todesfall hören, und sie empfand den ganzen Tag ein großes Unbehagen. Am Abend kam ihr 16jähriger Sohn David gegen 23.30 Uhr bei einem Verkehrsunfall ums Leben.

Nach dem Tod ihres Sohnes ließ Mrs. J. nach Schulaufnahmen ein Porträt von ihm malen und hängte es in ihrem Schlafzimmer auf. Dieses Gemälde wurde zum Mittelpunkt weiterer

Träume. Am 27. Dezember 1967 träumte sie, sie betrete ihr Schlafzimmer und gehe zum Porträt ihres Sohnes. Seine Haare waren herrlich goldblond gewesen, und entsprechend waren sie natürlich auch auf dem Gemälde, als Mrs. J. jedoch davorstand und es anschaute, wechselte die Haarfarbe allmählich ins Hellbraune über. Sie »wußte« sofort, daß ein Freund ihres Sohnes, der hellbraunes Haar hatte, bald tot sein werde. Sie erzählte auch diesen Traum ihrem Mann, außerdem berichtete sie auch einer Bekannten, Mrs. B.K., davon. Vier Tage später, am 31. Dezember 1967, fiel Unteroffizier G.W. in Vietman. Er war der beste Freund ihres Sohnes gewesen, er hatte mit ihm die Schule besucht, und er hatte die gleichen hellbraunen Haare, die Mrs. J. in ihrem Traum gesehen hatte.

Das Porträt stand auch weiterhin im Mittelpunkt parapsychischer Träume. Im April 1968 träumte sie, sie stehe davor. Sie schien mit jemandem zu sprechen, auf jeden Fall hörte sie sich sagen: »Das ist mein Sohn David.« Plötzlich wurde das Gesicht auf dem Gemälde lebendig, und der Junge neigte mit geschlossenen Augen den Kopf. Im nächsten Moment flossen echte Tränen aus dem Porträt und bildeten zu ihren Füßen eine große Pfütze. Sie fühlte, wie ihr die Sinne schwanden, und sie sank ohnmächtig zu Boden. Als sie die Augen öffnete, sah sie ihren Hausarzt, der sich mit einer Spritze über sie beugte. An diesem Punkt wachte sie auf. Von diesem Traum erzählte sie ihrem Mann sowie zwei Freundinnen. Eine Woche später mußte sie wegen einer Thrombose in ein nahe gelegenes Krankenhaus eingeliefert werden. Sie wurde neun Tage lang stationär behandelt und bekam während dieser Zeit zahlreiche Injektionen.

Ab und zu hat ein parapsychischer Traum überhaupt nichts mit dem Träumenden zu tun, sondern bezieht sich auf andere. Manchmal sind die Hauptakteure dem Träumenden gar nicht bekannt, gelegentlich besteht jedoch eine Beziehung. Charles S., ein in Florida lebender Geschäftsführer einer Telefongesellschaft, hatte in den frühen Morgenstunden des 13. Februars 1974 einen dreiteiligen Traum. Zuerst sah er sich auf der Straße stehen und seinen Wagen suchen. Ein Mann, dessen Gesicht er nicht sehen konnte, sagte ihm, daß die Leute glaubten, er sei bei einem Unfall ums Leben gekommen, und daß sein Auto zum Bestattungsinstitut gebracht worden sei. Im zweiten Teil des Traums sah er sich vor dem Bestattungsinstitut stehen und seinen Wagen anschauen. Es war ein weißer Dodge, Baujahr 1959. Er hatte tatsächlich einen solchen Wagen, nur war dieser blau. Mr. S. hörte ein paar Leute sagen, sein Wagen ähnle mit seinen hochgezogenen hinteren Kotflügeln der Heckpartie eines Flugzeuges. Im dritten Teil dieses Traums stand Mr. S. im Bestattungsinstitut, redete auf einen Mann ein und erklärte ihm, daß er gar nicht bei einem Unfall ums Leben gekommen sei. Er konnte vier Särge sehen: in einem lag ein Mann, in einem anderen eine Frau. Sie waren weder jung noch alt. Ihr Gesicht war jedoch nicht deutlich zu erkennen.

In diesem Moment läutete der Wecker, und Mr. S. wachte auf. In der Arbeit dachte er die ganze Zeit über den Traum nach und versuchte vergeblich, hinter seine Bedeutung zu kommen. Am Abend unterhielt er sich auch noch mit seiner Frau darüber. Am nächsten Morgen, es war Freitag, der 14. Februar 1974, erfuhr er, daß tags zuvor vier Leute in einem weißen Flugzeug von einem in der Nähe gelegenen Flugplatz gestartet seien. Zwei Minuten nach dem Abheben war die Maschine jedoch abgestürzt, und die Insassen konnten nur noch tot geborgen werden. Mr. S. kannte die vier Verunglückten zwar nicht näher, eine der Frauen war jedoch die Tochter eines gutes Freundes von ihm, der ebenfalls bei der Telefongesellschaft beschäftigt war. Die junge Frau und ihr Mann waren ihm irgendwann einmal vorgestellt worden, das ältere Paar, ihre Schwiegereltern, kannte er dagegen überhaupt nicht. Das war wahrscheinlich der Grund dafür, daß er im Traum die Gesichter nicht hatte deutlich erkennen können. Die Botschaft, wenn es sich um seine solche handelte, war ihm irgendwie im Traumzustand übermittelt worden, weil er eine Beziehung zu zwei der Betroffenen hatte, ein rechter Sinn ist darin jedoch nicht zu sehen.

Nicht in allen, wohl aber in den meisten wiederkehrenden Träumen kommen Versatzstücke vor, die mit den später real gegebenen Objekten absolut identisch sind. Mrs. Hazel W., eine Hausfrau Mitte 30, lebt in Alabama. Sie ist mit einem Programmierer verheiratet und hat drei Kinder im schulpflichtigen Alter. 1969, als sie noch in Alaska wohnte, hatte sie einen Traum, der sich 1970 in Wahington D.C. wiederholte. Sie sah in diesem Traum eine über einen gurgelnden Gebirgsbach führende Holzbrücke, von der die Planken abfielen. Es war eine mondhelle Nacht, und sie stand in einem rot-weißen Kleid auf dieser Brücke. In ihrer Nähe war ein Mann, den sie jedoch nicht sehen konnte. Als sie Anstalten machte, über die Brücke zu laufen, rief der Mann: »Seien Sie vorsichtig!« Sie zog die Schuhe aus und rannte in seine Richtung zurück. An dieser Stelle wachte Mrs. W. auf.

Sie konnte sich auf den Traum keinen Reim machen. 1973 übersiedelte sie mit ihrer Familie nach Alabama. Am 11. April dieses Jahres war sie in der Nähe von Tuskegee mit einem Bekannten in dessen Auto unterwegs, als sie plötzlich zu der Brücke aus ihren Träumen kam. Die nachfolgende Szene entsprach ganz genau dem, was sie geträumt hatte. Interessanterweise hatte sie in ihrem Bekannten jedoch nicht den Mann erkannt, den sie in ihren Träumen gesehen hatte.

In einigen präkognitiven Träumen werden zukünftige Ereignisse nicht nur durch Bilder und Informationsmaterial übermittelt, es kommt sogar zu körperlichen Empfindungen im Zusammenhang mit diesen Ereignissen. Mrs. B.R., eine Hausfrau Ende 50, ist mit einem leitenden Angestellten verheiratet und lebt in New Jersey. Sie hat zweimal das College besucht, einmal in ihrer Jugend, ein zweites Mal viele Jahre später, um den Titel eines Bachelor zu erwerben.

Im April 1942 hatte sie eines Nachts einen sehr realistischen Traum, in dessen Mittelpunkt R.L., ein Klassenkamerad, stand. Mrs. R. hatte vor dem Traum weder mit ihm gesprochen noch hatte sie an ihn gedacht, da sie mit ihm nicht näher bekannt war. Dennoch sah sie, wie er von einem Soldaten erschossen wurde, und spürte sogar die Kugeln in ihrem eigenen Rücken, und zwar so stark, daß sie davon aufwachte. Sie hatte noch nie zuvor ein derartiges Erlebnis gehabt.

Am Morgen erzählte sie den Traum ihren Eltern, die ihr verständnisvoll zuhörten, da die Mutter ebenfalls schon präkognitive Träume gehabt hatte. Auch einigen Schulfreundinnen vertraute sie an, was sie geträumt hatte. Der Traum beunruhigte sie zwar, sie nahm aber an, er sei durch die Kriegsgeschichten ausgelöst worden, die damals herumschwirrten, außerdem konnte er gar nichts mit R.L. zu tun haben, weil dieser erst 16 und somit noch zu jung für die Armee war. Die ganze Woche über sah sie ihn in der Schule mit anderen Augen an, sie erwähnte ihm gegenüber aber nichts von ihrem Traum, da sie dies für geschmacklos hielt.

Am Freitagabend dieser Woche fuhr R.L. mit einem Freund, E.H., und dessen Eltern nach Hackensack, New Jersey. Unterwegs nahm E. H.'s Vater eine Abkürzung, die hinter der Waffenfabrik von Teaneck vorbeiführte. Offensichtlich wußte er nicht, daß sich die Fabrik auf militärischem Sperrgebiet befand und daß das Befahren dieser Straße verboten war. Außerdem überhörte er auch noch den Anruf eines Wachpostens, jedenfalls hielt er nicht an. Der Posten gab daraufhin mehrere Schüsse auf das Auto ab. Die Kugeln trafen das Nummernschild, prallten ab und drangen R.L. in den Rücken. Die übrigen Insassen blieben unverletzt. R.L. jedoch erlag am nächsten Tag im Krankenhaus seinen Verletzungen.

Manche Träume scheinen dazu bestimmt zu sein, Erwartetem zuwiderzulaufen, in anderen Worten, sie übermitteln einem medial begabten Menschen Informationen über Ereignisse, mit denen der Empfänger vermutlich überhaupt nicht rechnet. Im August 1943 hatte Mrs. B.R. einen Traum, in dem sie einen Nachbarn, B.W., in der Nähe seines Hauses aus einem Bus steigen sah. Er trug eine Marineoffiziersuniform mit goldenen Knöpfen. Als sie der Mutter des jungen Mannes erzählte, ihr Sohn, der damals in Island stationiert war und Flugzeuge überführte, werde bald nach Hause kommen, schüttelte die Frau den Kopf und entgegnete, er werde erst wieder frühestens in einem Jahr Urlaub bekommen. Zwei Tage später kam B.W. aber tatsächlich in seiner Heimatstadt an. Er war völlig unerwartet nach Long Island geschickt worden, um auf dem dortigen Flugplatz dringende Reparaturen auszuführen, und hatte gerade genug Zeit, einen Bus nach New Jersey zu nehmen und seine Mutter sowie einige Nachbarn zu besuchen.

C. Lane, der sich selbst als »Soldat im Ruhestand« bezeichnet, ist 58 Jahre alt und lebt in New Hampshire. Er hat bereits eine ganze Reihe von ungewöhnlichen Träumen gehabt. Wie wohl jeder mit militärischer Vergangenheit, so führt auch er genau Buch darüber. Im Frühjahr 1969 hatte er zweimal denselben Traum. Er stand in der Nähe eines Hangars, als plötzlich ein Flugzeug auf der Landebahn außer Kontrolle geriet und auf ihn zuraste. Dazu muß gesagt werden, daß Mr. Lane häufig einen Abstecher zu einem in der Nähe von San Diego gelegenen Wartungshangar machte, wenn er mit einem Marinefahrzeug zur Miramar Naval Air Station unterwegs war. Acht Monate später geriet auf diesem Stützpunkt ein Flugzeug nach der Landung außer Kontrolle und raste in den Hangar, in dessen Nähe Mr. Lane in seinem Traum gestanden war. Es gab dabei mehrere Tote.

Am 21. August 1969 träumte Mr. Lane, der damals in Buffalo, New York, lebte, ein Mann versuche mit ihm Streit anzufangen und ihn einzuschüchtern. Als er drei Tage später in die Firma kam, bei der er beschäftigt war, traf er dort genau den Mann, den er in seinem Traum gesehen hatte, und dieser Mann versuchte tatsächlich monatelang mit ihm Streit anzufangen und ihn einzuschüchtern.

Am 25. Dezember 1969 hatte Mr. Lane einen intensiven Traum, den er mir am 24. August 1970 schriftlich mitteilte. Diese Datumsangaben sind wichtig, da sich die Ereignisse, um die es in diesem Traum ging, erst mehr als drei Jahre später abspielten. Mr. Lane sah sich am Rande eines Sportplatzes stehen und sich mit mehreren Leuten unterhalten. Plötzlich kam von der rechten Seite des Platzes Präsident Nixon in seine Richtung. Als er an ihm vorbeiging, wurde der Präsident plötzlich ganz dürr, er sah ausgemergelt aus, hatte rote Flecken in seinem käsigen Gesicht und verließ stolpernd das Spielfeld. Da Mr. Lane damals ein Anhänger Nixons war, beunruhigte ihn der Traum ziemlich stark. Er schrieb zahlreiche professionelle Traumdeuter im ganzen Land an, es war jedoch niemand in der Lage, ihm seinen Traum zu interpretieren. Heute ist natürlich klar, was durch diesen prophetischen Traum, in dem Präsident Nixon vom Platz stolperte, ausgedrückt werden sollte.

Bedeutende politische Ereignisse, beispielsweise der Sturz Nixons, scheinen ziemlich starke Vibrationen auszusenden, bevor sie objektive Realität werden, denn in der ganzen Welt haben Menschen immer wieder entsprechende parapsychische Träume. Mrs. May Siracusano, eine Hausfrau und Mutter, lebt in Nebraska. Am 26. Mai 1970 berichtete sie mir schriftlich von einem Traum, in dem sie Präsident Nixon sah, als sie zusammen mit ihrer Familie aus irgendeinem Grund das Weiße Haus besuchte. Nixon war ein Vampir, da aber nur sie davon wußte, wollte er sie umbringen, um sie daran zu hindern, es weiterzuerzählen. Dann sah Mrs. Siracusano eine große Bühne, auf der eine Show ablief, die zahlreichen Zuschauer waren jedoch alle aus Wachs. Bei der wilden Verfolgung von Mrs. Siracusano stieß Nixon zahlreiche Wachsfiguren um. Plötzlich tat sich der Boden auf, und die Figuren verschwanden in dieser Öffnung, so daß der Präsident nicht an sie herankonnte. Mrs. Siracusano war in der Zwischenzeit zum FBI gegangen, und Nixon, der mittlerweile außer sich vor Wut war, wurde von ein paar Beamten abgeführt. Das war das Ende des Traums, der im Mai 1970 natürlich herzlich wenig Sinn ergab.

Im Mittelpunkt parapsychischer Träume können nicht nur Ereignisse stehen, die erst viel später real werden, sondern auch Menschen, die noch gar nicht auf der Welt sind. Wer dies bezweifelt, sollte die folgenden Träume besonders aufmerksam lesen.

Mary S. aus Houston, Texas, ist Ende 30, sie ist Hausfrau, hat drei Kinder und war früher einmal in einer Bank beschäftigt. Ihren ersten präkognitiven Traum hatte sie im April 1959, zu einer Zeit, als sie noch gar nicht wußte, daß sie schwanger war. Sie sah sich in diesem Traum ein Baby im Arm halten, das blondes Haar und blaue Augen hatte und ziemlich pausbäckig war, und sie hörte, daß sie es Virginia nannte. Einige Zeit später stellte ihr Hausarzt bei ihr eine Schwangerschaft fest, und sie bereitete sich natürlich auf ein Mädchen vor, obwohl ihr Mann fest mit einem Jungen rechnete. Am 30. Dezemberg 1959 brachte sie eine Tochter zur Welt, die ganz genauso aussah wie das Baby in ihrem Traum. Die Eltern gaben ihr natürlich den Namen Virginia.

Mrs. S. schien eine besondere Begabung dafür zu haben, von ungeborenen Babys zu träumen. Im Juni 1962, auch damals konnte sie noch gar nicht wissen, daß sie schwanger war, sah sie sich und ein Baby, alles war jedoch irgendwie unklar, und sie langte auch das Baby gar nicht an. Sie konnte sein Gesicht nicht sehen, nur ein Bündel, das ein Baby darstellte. Am 7. August 1962 erlitt sie eine Fehlgeburt und mußte ins Krankenhaus eingeliefert werden.

Im Juli 1965 hatte sie einen ähnlichen Traum, nur sah sie diesmal zwei Bündel, die Babys darstellten. In der ersten Septemberwoche verlor sie Zwillinge. Ihr Mann war inzwischen von der Echtheit ihrer Träume fest überzeugt, so auch von dem, den sie im Januar 1966 hatte. Sie sah darin einen schmächtigen Jungen mit dunklem Haar und blauen Augen, dessen rechte Seite bläulich verfärbt war. Sie wußte, er werde Paul Ray heißen. Am 20. Septemberg 1966 bekam sie tatsächlich einen Sohn dieses Aussehens, sogar die bläuliche Verfärbung stimmte, sie war auf den Kaiserschnitt zurückzuführen. Wie nicht anders zu erwarten, erhielt der Junge den Namen Paul Ray. Im Januar 1970 sah Mrs. S. in einem weiteren Traum zwei Babys, einen Jungen und ein Mädchen, die sich zum Verwechseln ähnlich sahen, beide waren blauäugig und pausbäckig und hatten blondgelocktes Haar. Sie konnte jedoch nur eines anlangen, nicht beide. Während der gesamten Schwangerschaft hörte ihr Arzt zwei Herzen schlagen. Als aber im August 1970 Röntgenaufnahmen gemacht wurden, stellte sich heraus, daß es sich nur um ein Baby handelte, obwohl die beiden Herzen zu hören waren. Am 16. September 1970 wurde Mrs. S. von einem Jungen entbunden, der genauso aussah wie der Junge in ihrem Traum, für ein zweites Baby gab es jedoch keinerlei Anzeichen. Erst da erinnerte sie sich daran, daß sie in ihrem Traum nur eines der Kinder hatte anfassen können, nicht aber das andere.

Dieser Junge hatte augenscheinlich von seiner Mutter die paranormale Fähigkeit geerbt, Wahrträume zu haben. Mit viereinhalb Jahren fing er an, *seine* parapsychischen Träume zu erzählen. Im März 1975 erwachte er eines Nachts gegen 1 Uhr schreiend auf. Nachdem er von seinen Eltern einigermaßen beruhigt worden war, sagte er, er habe schlecht geträumt, er habe die ganze Verwandtschaft weinend im Haus seiner Großmutter gesehen. Der Traum war so intensiv gewesen, daß der Junge dachte, seine Großmutter sei gestorben. Erst als sich Mr. und Mrs. S. telefonisch davon überzeugt hatten, daß es ihr gutging, war der Junge vollends beruhigt. Etwa eine Woche danach versammelte sich tatsächlich die ganze Verwandtschaft weinend im Haus der Großeltern: Der Großvater des Jungen war völlig unerwartet gestorben. In der zweiten Oktoberhälfte des Jahres 1975 hatte der kleine Junge einen Traum gleichen Inhalts, und diesmal starb kurze Zeit später seine Großmutter.

Es gibt prophetische Träume, die oberflächlich betrachtet eher in meine Kategorie der Warnträume gehören, weil sie Unglücksfälle oder Tragödien beinhalten, die man *unter Umständen* abwenden kann. Das ist aber nur dann möglich, wenn es gelingt, die Person zu identifizieren, der die Warnung gilt. Leider gibt es in dieser parapsychischen Traumkategorie keine eindeutigen Hinweise auf die Identität der Opfer, so daß sich der ohnmächtige Träumende in den meisten Fällen nicht mit ihnen in Verbindung setzen kann. Als Folge tritt das Ereignis so ein, wie es im Traum vorhergesehen wurde.

Einige dieser Träume zeigen Geschehnisse auf, von denen der Träumende selbst zwar nicht betroffen ist, die sich aber mehr oder weniger in unmittelbarer Nähe seiner Wohnung abspielen.

Ein gutes Beispiel dafür ist ein Traum, den Mrs. Margaret R. aus Bosten, Massachusetts, hatte. Mrs. R. ist ungefähr 50 Jahre alt, Hausfrau und Mutter und bezeichnet sich selbst als »sehr schüchtern«. In ihrem Traum sah sie ein etwa dreijähriges blondes Mädchen in einem weißen Kleid mit rosa Blümchen, das am

Randstein stand und darauf wartete, die Straße überqueren zu können. Als es endlich eine Lücke erspähte und loslief, schoß ein schwarzer Wagen heran, erfaßte es und schleuderte es meterweit durch die Luft. Mrs. R. wußte sofort, daß das Kind tot war. Niemand wagte es, das leblose Bündel anzufassen. Erst nach einer schier endlosen Zeit kam ein Schuster aus seinem Laden und trug den Leichnam vorsichtig auf den Gehsteig. Hier endete der Traum. Er war so intensiv, daß sie ihn am Morgen ihrer Mutter erzählte. Auch während des ganzen folgenden Tages mußte sie ständig daran denken. Als sie am Abend aus der Arbeit kam, liefen ihr ihre jüngeren Geschwister entgegen und erzählten ihr von einem Unfall, der sich kurze Zeit vorher ereignet hatte. Alles war genauso gewesen, wie sie es geträumt hatte, selbst das rosageblümte Kleid stimmte, und das Unglück hatte sich auch an der Stelle zugetragen, die sie in ihrem Traum gesehen hatte.

Träume von bevorstehenden Unglücksfällen scheinen kurz vor dem realen Ereignis nicht nur intensiver zu sein, sondern auch in kürzeren Abständen zu erfolgen. Natürlich bewahrheiten sich Tausende von Wahrträumen erst Monate oder sogar Jahre später, eine ganze Reihe wird jedoch auch innerhalb von 24 Stunden objektive Realität.

Meiner Meinung nach werfen Ereignisse, die einen seelisch arg mitnehmen, auf eine noch ungeklärte Art und Weise so etwas wie einen Schatten voraus. Kann es nicht sein, daß diejenigen, die für solche Unglücksfälle verantwortlich zeichnen, diese schon in die Wege leiten, noch bevor wir sie bewußt wahrnehmen? Stimmen sich die Träumenden vielleicht auf die Gedanken der Urheber in der nächsten Dimension ein und nicht auf die bevorstehenden Unglücksfälle? Das würde allerdings voraussetzen, daß es in der nächsten Dimension einen organisierten »Verwaltungsrat« gibt, der unser Ende oder das von einzelnen plant, die »dran« sind.

Wie dem auch sei, interessant ist in diesem Zusammenhang ein Traum, den Mrs. R. 1944 hatte. Sie stand in diesem Traum in New York City vor dem Empire State Building und betrachtete es. Plötzlich tauchte ein Flugzeug aus dem Nebel auf und raste genau auf den Wolkenkratzer zu. Mrs. R. beobachtete mit Entsetzen, wie es in die oberen Stockwerke krachte, alles war plötzlich in Flammen gehüllt, und Mauerbrocken sowie Teile des Flugzeugs stürzten in die Tiefe. Am nächsten Tag las sie in den Nachmittagszeitungen von eben diesem Unglück. An der präkognitiven Natur dieses Traums besteht kein Zweifel, da sie ihn schon am Tag zuvor ihrer Familie erzählt hatte.

Es gibt parapsychische Träume, die mehr als eine Botschaft, mehr als einen Vorfall beinhalten und die sich deshalb natürlich auch nur nach und nach bewahrheiten.

Von einem derartigen Traum berichtete mir Mrs. Marguerte P. aus St. Petersburg, Florida, am 12. Dezember 1971. Sie sah sich das Weiße Haus in Washington betreten, obwohl sie noch nie das mindeste Interesse an Politik gehabt hatte und auch noch nie daran interessiert gewesen war, ins Weiße Haus zu gehen. In einem großen Raum bemerkte sie ein Porträt von John F. Kennedy an der Wand. Jn diesem Raum stand ein sehr langer Tisch mit zahlreichen Stühlen. Mrs. P. setzte sich auf einen der Stühle, und plötzlich waren auch alle anderen besetzt. Am Kopfende des Tisches saß ein vornehm aussehender Mann mit grauem Haar, der sichtlich verärgert war. Mrs. P. hörte ihn sagen: »Durch Wahlen und durch den Tod einiger führender Mitglieder wird es im Kongreß zu einer Verschiebung des Kräfteverhältnisses kommen. Wir müssen versuchen, den Skandal um den Präsidenten herunterzuspielen, ich fürchte jedoch, sein Rücktritt ist unvermeidlich.« Im Raum herrschte ein tiefes Schweigen. Dann verschwanden alle Männer, und Mrs. P. war wieder allein. Als sie das Weiße Haus verließ, ging ein junger Mann an ihr vorbei, der ein Transparent mit der Aufschrift »Mississippi neuer Negerstaat« mit sich führte. Dieser Traum verwirrte Mrs. P. damals ziemlich stark, inzwischen ist jedoch der erste Teil bereits Realität geworden.

Gewichtige geschichtliche Ereignisse gelangen manchmal zu Träumenden, die gar kein Interesse an Politik oder an der betroffenen Persönlichkeit haben. Das untermauert natürlich meine Ansicht, daß dieser präkognitive Traumtyp weder selektiv noch individuell steuerbar ist und daß sich die Träumenden wahllos auf die sogenannte Zukunft einstimmen. Mrs. Carolyn C. aus Indiana hat seit ihrer Kindheit bereits zahlreiche ASW-Erlebnisse gehabt. An eines erinnert sie sich noch besonders deutlich: Vier Nächte, bevor Senator Robert Kennedy auf seiner Wahlkampfreise in ihre Heimatstadt kommen und auf einer Veranstaltung in einem Restaurant sprechen wollte, sah sie im Traum, wie er durch eine Küche ging und wie jemand auf ihn schoß. Der Traum war so intensiv, daß sie davon aufwachte. Am Morgen erzählte sie ihn ihren Eltern.

Kennedy betrat das Restaurant tatsächlich durch die Küche, und Mrs. C. dachte erleichtert, daß es in ihrem Traum wohl vor allem darum gegangen sei. Am Abend der Vorwahl in Kalifornien wollte sie schon den Fernseher ausschalten, als sie plötzlich das Gefühl hatte, sie sollte sich den Bericht aus Kalifornien anschauen. Entsetzt mußte sie mit ansehen, wie zwei Monate nach ihrem Traum auf den Senator ein Attentat verübt wurde. Vielleicht erinnern Sie sich noch daran, daß sich der Vorfall bei der Küche des Hotels Ambassador in Los Angeles abspielte.

Bei derartig vielen prophetischen Träumen ist es wohl unvermeidlich, daß ein gewisser Prozentsatz nicht real wird. Das bedeutet jedoch nicht, daß diese Träume vom Träumenden erfunden oder irgendwie verfälscht wurden. Es kann durchaus sein, daß ein ganz normaler Traum, der auf unbewußt aufgenommenen Eindrücken aufbaut, mit einem parapsychischen Traum verwechselt wird, oder daß in einem echten parapsychischen Traum die Datumsangaben nicht stimmen, daß sich der Traum also erst zu einem späteren Zeitpunkt erfüllt. Um als prophetisch zu gelten, muß ein solcher Traum aber ganz spezifische, detaillierte Informationen erhalten.

Betty B. aus Brooklyn, New York, bezeichnet sich selbst als professionelles Medium. Sie genießt einen guten Ruf und hat einen entsprechend großen Kundenkreis. Am 16. Oktober 1972 berichtete sie mir, sie habe in drei aufeinanderfolgenden Nächten von der Schlagzeile »Frank Sinatra tot« geträumt und habe in einem weiteren seltsamen Traum gesehen, wie New York City im Wasser versank. Sie prophezeite, der Sänger werde 1972 sterben und New York werde im Mai 1973 verschwinden. Mr. Sinatra ist jedoch noch immer gesund und munter, und New York City liegt auch heute noch nachweislich über Wasser. Mrs. B. hat schon so oft ihre Fähigkeiten unter Beweis gestellt, daß es unfair und falsch wäre, ihre Träume als versuchte Eigenreklame abzutun. Vielleicht ist ihr bewußtes Ich an Frank Sinatra interessiert, vielleicht hatte sie damals, als sie die Träume hatte, irgend etwas über ihn gelesen, und sie weiß auch mit hoher Wahrscheinlichkeit, daß Edgar Cayce vorhergesagt hat, New York City werde noch in diesem Jahrhundert überflutet werden. Es ist nicht auszuschließen, daß derartiges im Unterbewußten gespeichertes Material an die Oberfläche kommt und für parapsychisches Traummaterial gehalten wird, obwohl es sich dabei tatsächlich um Eindrücke von äußeren Quellen handelt, nicht um echte parapsychische Kommunikationen.

Ruth Keller war 38 Jahre lang Bibliothekarin in der Gegend von Boston. Vor vielen Jahren legte sie ein Traumtagebuch an, das sie auszugsweise der *Boston Society for Psychical Research* und später auch Laura Dale von der *American Society for Psychical Research* in New York City überließ. Viele ihrer präkognitiven Träume beziehen sich auf persönliche Angelegenheiten, andere eignen sich jedoch durchaus zur Veröffentlichung, schon allein deshalb, weil sie sich erstaunlich genau erfüllt haben.

Am 31. März 1941 träumte sie, ihre Katze zerbreche ihren gelben Teller. Als die Katze am folgenden Tag gierig ihre Frühstücksmilch trank, ging der Teller tatsächlich zu Bruch. Das ist interessant, weil damit bewiesen wird, daß nicht nur Menschen, sondern auch Tiere im Mittelpunkt unserer parapsychischen Träume stehen können.

Am 18. Dezember 1940 träumte Mrs. Kelly, ihr Nachbar Edgar B. mache auf seinem Grundstück ein Feuer, die Flammen griffen auf ihr Grundstück über und sie rufe die Feuerwehr. Am Ostersonntag 1941 ereignete sich alles ganz genauso, wie sie es in ihrem Traum gesehen hatte.

Am 21. Januar 1941 hatte Mrs. Kelly einen Traum, der zwar

kaum konkrete Einzelheiten enthielt, der aber von einer gewissen Ruth Miller handelte. Da sie ein Tagebuch führte, konnte sie in ihren Aufzeichnungen nachlesen, als sich dieser Traum 1956 erfüllte. Sie saß in einem überfüllten Zug neben einer Fremden. Zwischen den beiden entspann sich ein Gespräch, und ihre Nachbarin stellte sich als Ruth Miller vor. Die beiden Frauen korrespondierten später noch lange miteinander.

1956 träumte Mrs. Kelly, ihre Freundin Isabel trage einen Hut mit einem blauen Blumenstrauß und einer blauen Schleife. Mrs. Kelly war über diesen Traum überrascht, denn Isabel ist Modistin und bevorzugt unauffällige, einfache Hüte. Die Wahrscheinlichkeit, daß sie auch in Wirklichkeit einen solchen Hut tragen würde, war also nicht sehr groß. Als sich die beiden Frauen kurze Zeit später trafen, trug Isabel aber tatsächlich den Hut, den Mrs. Kelly in ihrem Traum gesehen hatte. Isabel erzählte, sie habe ihn von einer Bekannten geschenkt bekommen, er gefalle ihr aber überhaupt nicht und sie werde ihn auch nie wieder aufsetzen.

Es kann durchaus vorkommen, daß parapsychische Träume unvollständig sind, daß also Einzelheiten fehlen. Meiner Meinung nach liegt das nicht daran, daß der Träumende beim Aufwachen Details vergißt, sondern vielmehr daran, daß die Botschaft unvollständig übermittelt wird.

Am 29. November 1942 träumte Mrs. Kelly, auf der Straße liege eine gelbe Katze, der Fahrer eines Wagens halte an, öffne die Tür und die Katze springe ins Wageninnere. Am 6. Dezember 1942 wurde vor ihrem Haus eine gelbe Katze angefahren, und ein Polizist brachte sie hinters Haus und erschoß sie dort, um ihre Todesqualen zu beenden. Am nächsten Tag schaffte er den Kadaver im Auto weg.

Andere Träume vereinigen zwei voneinander völlig unabhängige Botschaften oder Szenen und sind deshalb nur schwer verständlich. Am 26. August 1946 träumte Mrs. Kelly von Patienten einer Nervenheilanstalt und davon, daß diese Patienten, alles Kinder, in einem Zug saßen, der verunglückte. Am darauffolgenden Tag brachte die *New York Times* einen Bericht über ein

Zugunglück, das sich in der Nacht vorher ereignet hatte. Im Zug waren fast ausschließlich Kinder gewesen. Mrs. Kelly hielt sich damals, als sie den Traum hatte, in Albany, New York, auf und las das Buch *Lifeline* von Phyllis Bottome, das von Nervenheilanstalten handelte.

Ich könnte Ihnen noch von zahllosen anderen Träumen dieser Art berichten, die alle überprüft wurden und die auch alle Zeugen anvertraut worden waren, bevor das Ereignis objektive Realität wurde. Ich glaube aber, daß auch die Fälle, auf die ich mich hier beschränkt habe, weiß Gott beweiskräftig genug sind. Zusammenfassend läßt sich sagen, daß prophetische Träume nicht erzwungen werden können und daß sie auch nicht steuerbar sind, so, wie das bei anderen Traumkategorien der Fall ist. Sie sind zufälliger, es kommt gleichsam aufs Geratewohl zu einem präkognitiven Kontakt, ungeachtet der Wichtigkeit, ungeachtet der Wünsche und Beziehungen des Träumenden. Wir müssen deshalb in der Mechanik des Träumens nach einer Erklärung für die Fähigkeit, Wahrträume zu haben, suchen. In der Persönlichkeitsstruktur des Träumenden geht im Schlaf irgend etwas vor, wodurch es seinem Unbewußten möglich wird, sich auf zukünftige Ereignisse einzustimmen, die im Traum vorweggenommen werden. Es ist nicht auszuschließen, daß sich das Traumgeschehen in einer räumlichen Sphäre abspielt oder aber in einer Sphäre, in der Faktoren wie Intensität und Anziehung bestimmend sind. Begnügen wir uns im Moment mit der Feststellung, daß prophetische Träume verhältnismäßig häufig vorkommen, daß sie nicht regulierbar sind, daß sie sich auf ihre Echtheit hin überprüfen lassen und daß man sie sofort nach dem Aufwachen kompetenten Zeugen erzählen sollte.

VII.
Warnträume

Wie ich bereits kurz ausgeführt habe, besteht ein grundlegender Unterschied zwischen parapsychischen Träumen von zukünftigen Ereignissen und Warnträumen: Während im parapsychischen Traum Ereignisse vorweggenommen werden, die sich später tatsächlich abspielen, werden wir durch einen Warntraum mehr oder weniger aufgefordert, etwas gegen eine *mögliche* Gefahr zu unternehmen. In Warnträumen werden Szenen zwar ganz genauso dargestellt wie in parapsychischen Träumen, es handelt sich dabei aber nur um Möglichkeiten, die unter bestimmten Voraussetzungen abgewendet werden können. Das Beunruhigende an diesen Warnträumen ist, daß man nie genau weiß, ob man gegen ihre Realisierung tatsächlich etwas unternehmen kann.

Wenn ich mir das Material vor Augen halte, das sich in meinem Archiv angesammelt hat oder das ich im Laufe der Jahre untersucht habe, so meine ich sagen zu können, daß Warnträume bestimmte Merkmale haben. Beispielsweise spielen sich in den allermeisten Träumen Szenen ab, bei denen der Träumende lediglich Zuschauer ist. Tritt er dennoch einmal in seinem Traum auf, so geschieht das immer in dem Bewußtsein, daß das, was passiert, gar nicht »wirklich« ist, und es fehlt auch das drohende Element, das so typisch für die zukunftsbezogenen parapsychischen Träume ist. Ebenfalls aus Erfahrung kann ich sagen, daß in Warnträumen eine *Absicht* liegt, nämlich die, den Träumenden selbst oder jemanden aus seinem Bekanntenkreis meist eindringlich vor einer drohenden Gefahr oder einem sonstigen Ereignis zu warnen. Es ist klar, daß derjenige, der diese Warnträume »schickt« — um wen es sich dabei auch immer handeln mag —, sie auch als solche verstanden wissen möchte. Ist sich der Träumende über die Natur solchen Traummaterials nicht im klaren oder ignoriert er es ganz einfach, so ist die »Autorität«, die für den Warntraum verantwortlich zeichnet, natürlich ganz schön sauer. Es scheint irgendein ausgeklügeltes System zu geben, nach dem bestimmte Leute vor Unheil gewarnt werden, während andere dieses Glück nicht haben. Das mag mit dem Karma zu tun haben, vielleicht aber auch mit Faktoren, von denen wir überhaupt noch nichts wissen. Es ist gar nicht unbedingt notwendig, daß der Träumende stets das warnende Element seines paranormalen Traums erkennt, er muß lediglich wissen, daß es möglich ist, derartiges Material im Traumzustand zu empfangen. Beginnt er in einem derartigen Fall die gefährliche Situation bewußt wahrzunehmen, so erhält sein Gedächtnis einen Anstoß, und die Traumwarnung veranlaßt ihn, irgendwelche Vorsichtsmaßnahmen zu ergreifen.

Etwas Derartiges passierte vor etlichen Jahren einem guten Freund von mir, Michael Bentine, dem englischen Schauspieler und Schriftsteller. Er bereiste damals mit einem Kabarettprogramm verschiedene Landesteile und trat dabei häufig auch in kleineren Orten in der Provinz auf. Als er sich gerade wieder einmal in London aufhielt, hatte er eines Nachts einen besonders intensiven Traum, in dem er sich auf einer ihm unbekannten Landstraße fahren sah. In einer Kurve tauchten plötzlich Scheinwerfer auf, und ein Wagen raste genau auf ihn zu. Michael sah den Zusammenstoß zwar nicht, er hatte aber nach Ende des Traums das Gefühl, daß sich in absehbarer Zeit ein Zusammenstoß ereignen werde. Im Laufe der darauffolgenden Wochen verlor er den Traum jedoch allmählich aus dem Gedächtnis. Gegen Ende der Theatersaison gastierte er im Norden Englands. Eines Nachts war er auf einer ihm unbekannten Landstraße unterwegs; als er in einer Kurve die Scheinwerfer eines entgegenkommenden Autos sah, kam ihm die Straße plötzlich bekannt vor, und er wußte mit einem Schlag auch, wo er sie und den Wagen schon einmal gesehen hatte: in seinem Traum! Er wich aus und vermied mit knapper Not einen Frontalzusammenstoß.

Erleidet der Träumende im Traum ein tragisches Geschick und hat er das Gefühl, daß dieses Geschick real ist, so hat das meines Erachtens nichts mit einem Warntraum zu tun; der Träumende nimmt vielmehr etwas vorweg, was ihm später wirklich einmal passieren wird. Oft ist es jedoch so, daß das uns in Warnträumen übermittelte Material ziemlich vage ist, es wird uns also nicht immer genau gesagt, warum wir gewisse Dinge nicht tun sollten, warum wir eine Reise nicht unternehmen sollten und warum wir diese oder jene Person an einem ganz bestimmten Tag meiden sollten. Manchmal ist es sehr schwierig, Vorwarnungen, die in einem schlafähnlichen Zustand vorkommen, und richtige Warnträume auseinanderzuhalten, und es gibt sicherlich auch eine Verbindung zwischen diesen beiden Phänomenen. Ein warnendes Element ist auch noch in einer weiteren Kategorie von Träumen enthalten, den Jenseitsträumen, mit denen ich mich im nächsten Kapitel befassen werden. In diesem Traumtyp tritt ein Verstorbener, also ein Geist, auf, spricht mit dem Träumenden und warnt ihn vor irgendwelchen Gefahren. Ich habe diese Träume hier deshalb nicht aufgenommen, weil es sich bei ihnen nicht um Bilder oder Eindrücke handelt, sondern um Kommunikationsträume, die vor allem für den Träumenden selbst gedacht sind. Die Akzeptierung solcher Träume hängt nicht unwesentlich davon ab, wie sich der Träumende zu der Möglichkeit stellt, daß Geister mit ihm im Traum kommunizieren. Leider sehen viele Psychiater in Träumen von toten Verwandten nach wie vor irgendwelche unterdrückte emotionale Probleme.

Solche Träume sind keine Warnträume im eigentlichen Sinn, weil sie dem Träumenden keinen Spielraum lassen, sie sagen ihm entweder genau, was passiert, oder sie schützen ihn vor Unheil.

Die Schauspielerin Gloria DeHaven war mit dem Auto unterwegs, als plötzlich ihre verstorbene Mutter in der Windschutzscheibe erschien und die Hand hob. Miss DeHaven hielt sofort an, und das Bild verschwand. Als sie ausstieg, sah sie, daß sich wenige Meter vor ihr ein Abgrund auftat. Die Straße war ganz offensichtlich kurz vorher weggespült worden.

Hier haben wir einen Zwischenfall, bei dem der Empfänger gar keine Zeit hat zu überlegen: die Toten greifen ein, und ihr

Eingreifen ist erfolgreich. Das, was mir Gloria DeHaven berichtete, erlebte sie natürlich in hellwachem Zustand, in den meisten Fällen ereignen sich solche Dinge jedoch im Schlaf, weil es dann für die Verstorbenen leichter ist, mit den Lebenden Kontakt aufzunehmen.

Wie bei allem parapsychischen Material, so ist auch hier nicht auszuschließen, daß sich auf diese Weise Ängste und Konflikte widerspiegeln oder daß das Material seinen Ursprung im Unbewußten hat. Menschen mit psychoneurotischen Problemen können ohne weiteres falsches Traummaterial produzieren, das in die Hände von Psychoanalytikern gehört. Derartige Träume sind jedoch mit Symbolik überladen, ihr Inhalt ist für gewöhnlich äußerst wirr, und sie enthalten ganze Bildfolgen. Echte Warnträume sind dagegen in den allermeisten Fällen knapp und präzis, fast im Telegrammstil.

Mrs. Howard Hitt, eine Hausfrau und Mutter Mitte 30, lebt im Norden Kaliforniens. Sie ist mit einem Vertreter verheiratet und führt ein ganz normales Leben mit ihm. Den Traum, um den es hier geht, hatte sie 1970 in der letzten Juniwoche. Sie und ihr Mann planten damals für den 4. Juli eine Fahrt nach Reno, Nevada. In diesem Traum sah sie einen Unfall, an dem zwei Leute beteiligt waren, die sie jedoch nicht deutlich erkennen konnte, außerdem hatte sie das Gefühl, daß auch ein Säugling darin verwickelt war. Sie erinnerte sich zwar nach dem Aufwachen an den Traum, konnte aber keine exakten Angaben über den Unfallhergang machen. Sie war jedoch derartig in Unruhe, daß sie die Fahrt abblasen wollte. Weil sie aber wußte, daß sich ihr Mann darauf freute, erzählte sie ihm anfangs nichts von ihrem Traum, sie entschloß sich jedoch, ihr sechs Monate altes Baby bei ihrer Mutter zu lassen.

Die ganze Woche über ging ihr die Fahrt nicht aus dem Kopf. »Am 3. Juli gingen wir zeitig zu Bett, um am nächsten Tag ausgeruht zu sein. Gegen 23 Uhr wurde ich jedoch derartig unruhig, daß ich mich entschloß, mit meinem Mann darüber zu sprechen. Zu meiner Überraschung gestand er mir, daß auch er schon die ganze Woche ein komisches Gefühl habe«, teilte mir Mrs. Hitt mit. Sie entschlossen sich, dennoch zu fahren, wegen des Traums aber besonders vorsichtig zu sein. Zu ihrer Erleichterung kamen sie ohne Zwischenfälle in Reno an. Auf der Heimfahrt hatten sie jedoch mehrfach Schwierigkeiten mit dem Wagen und brauchten statt der veranschlagten viereinhalb Stunden fast zehn. Mrs. Hitt meinte deshalb, sie sei im Traum einfach vor diesen Schwierigkeiten gewarnt worden. Als sie und ihr Mann zu Hause ankamen, berichtete ihnen die Mutter, jemand habe versucht, sie telefonisch zu erreichen. Es stellte sich heraus, daß die besten Freunde der Hitts, Mr. und Mrs. B., am 4. Juli auf der Heimfahrt von einem Autokino kurz vor ihrem Haus von einem entgegenkommenden Auto frontal gerammt worden waren. Ihr Wagen hatte nur noch Schrottwert, und sie selbst waren verletzt in ein Krankenhaus gebracht worden. Erst da wurde Mrs. Hitt klar, daß sich der Traum auf ihre besten Freunde und nicht auf sie bezogen hatte. Wie war das jedoch mit dem Säugling? Mrs. B. erzählte später, ihr Mann und sie hätten ursprünglich die Absicht gehabt, die Hitts und deren Kinder mit ins Kino zu nehmen, sie hätten diese Absicht aber wegen der Hittschen Reisepläne wieder verworfen.

Interessanterweise stimmte sich Mrs. Hitts Traum auf eine Situation ein, die sich kurz vor der Reise noch änderte. Da Mrs. Hitt die Personen in ihrem Traum nicht identifizieren konnte, war es ihr natürlich nicht möglich, die Betroffenen zu warnen, und es konnten folglich auch keinerlei Vorkehrungen getroffen werden.

Es gibt keine befriedigende Erklärung dafür, warum ganz normale Leute von Berühmtheiten träumen, zu denen sie keinerlei Beziehung haben, die sie oftmals nicht einmal besonders mögen. Das Schicksal von Prominenten unterscheidet sich in nichts von dem normaler Sterblicher, und doch träumen Menschen immer wieder beispielsweise von bekannten Schauspielern, ohne daß sie die Möglichkeit hätten, die Betreffenden zu warnen.

Louise S., eine Hausfrau Mitte 30, lebt in einer Kleinstadt in Ohio. Sie ist glücklich verheiratet und und hat drei Kinder. Ihr Interesse gilt der ASW und der Para-Forschung, und sie hat auch schon viel darüber gelesen. Am 23. Januar 1969 träumte sie, der Sänger Bobby Darin habe ein schweres Herzleiden. Mrs. S. empfand den Trauminhalt schon fast als Botschaft, was sie einigermaßen verwirrte, denn sie interessierte sich nicht besonders für den Sänger. Sie hatte auch kurz vor ihrem Traum weder etwas über ihn gelesen noch etwas über ihn gehört. Als sie auf den Tag genau zwei Jahre später im Radio Nachrichten hörte, erfuhr sie, Bobby Darin habe sich einer dringend erforderlichen Herzoperation unterziehen müssen. Darin erlag 1973 seinem Herzleiden, Mrs. S.'s prophetischer Traum war mir dagegen schon am 4. März 1971 übermittelt worden.

Häufig sind Schwangere ganz besonders empfänglich für parapsychische Kommunikationen und Intuitation. Al sich Mrs. Marjorie F. im Mai 1974 mit mir in Verbindung setzte, lebte sie in Illinois. Sie hat einen Bachelor-Grad in Pädagogik und ist mit einem Offizier der Luftwaffe verheiratet. Im Mai 1969 erwartete sie ihr drittes Kind. Zu dieser Zeit träumte sie, sie werde einen Jungen bekommen, dieser werde jedoch nicht am Leben bleiben. Am 31. Mai 1969 wurde sie tatsächlich Mutter eines Sohnes, allerdings drei Monate zu früh. Obwohl ihm die Ärzte nur geringe Überlebungschancen gaben, verbesserte sich sein Gesundheitszustand von Tag zu Tag, und er nahm auch entsprechend zu. Drei Wochen nach seiner Geburt schien er über dem Berg zu sein, und die Eltern ließen von einem Fotografen die ersten Aufnahmen machen. Am dreißigsten Tag seines Lebens starb das Baby jedoch ganz plötzlich, genauso, wie es Mrs. F. in ihrem Traum vorhergesehen hatte.

Mrs. Jean M., eine Witwe mit vier Kindern, ist Mitte 50 und lebt in Neuschottland. Vor ihrer Hochzeit mit einem Luftwaffenoffizier war sie in einer Bank angestellt. Sie hat schon ihr ganzes Leben lang Wahrträume, behielt jedoch wegen der existierenden Vorurteile manche für sich. Im März 1959 wurde ihr Mann, der in Chatham, Neubraunschweig, stationiert war, auf einen Kurs nach Saskatoon geschickt. Ein paar Nächte nach seiner Abreise hatte Mrs. M. einen schrecklichen Alptraum, in dem sie sich und ihre Kinder weinend um einen Sarg stehen sah. Als nächstes sah sie sich in einem Auto sitzen. Vor ihr fuhr ein Leichenwagen, neben dem links und rechts eine Ehrengarde der Luftwaffe marschierte. Der Traum war so intensiv, daß sie sicher war, ihrem Mann sei etwas zugestoßen. Verständlicherweise war sie erst dann wieder ruhig, als ihr Mann gesund zurückgekommen war. Die Erinnerung an den Traum verblaßte allmählich, und schließlich war sie davon überzeugt, einfach nur schlecht geträumt zu haben. Im November desselben Jahres erlitt ihr Mann jedoch völlig unerwartet einen tödlichen Herzinfakt. Ein paar Tage später saß Mrs. M. in einem Auto, und zu beiden Seiten des Leichenwagens vor ihr marschierte eine Ehrengarde der Luftwaffe.

Nicht alle Warnträume gehen so tragisch aus wie der der Mrs. M. Denise Shamlian, eine Künstlerin Mitte 30. Sie lebt in San Francisco, Kalifornien. Bemerkenswert ist an ihr, daß sie einen IQ von 155 hat. Im Januar 1972 reiste sie nach Paris. Sie hatte das Glück, einen Termin bei Dr. Jean-Claude W., einem der prominentesten Pariser Zahnärzte der damaligen Zeit, zu bekommen, und dieser machte ihr eine Goldfüllung. Drei Nächte vor ihrer Abreise aus Paris hatte sie einen intensiven Traum, in dem sie plötzlich schlimme Zahnschmerzen bekam, die darauf zurückzuführen waren, daß ihr die halbe Füllung ausgebrochen war. Als sie am nächsten Tag einer Bekannten von ihrem Traum erzählte, wurde sie ausgelacht, mit der Füllung schien ja auch alles in Ordnung zu sein, und der Zahnarzt hatte einen ausgezeichneten Ruf. Miss Shamlian unterdrückte ihre Angst und kehrte nach San Francisco zurück. In der Nacht zum Ostersonntag wachte sie mit Zahnschmerzen auf, die daher kamen, daß ihr die halbe Füllung ausgebrochen war. Alles war genauso, wie sie es in ihrem Traum in Paris erlebt hatte.

Als mir Robert P.B. am 26. Juli 1971 einen Traum seiner Frau berichtete, war er noch Hauptmann bei der Luftwaffe. Inzwischen hat er den Dienst quittiert und ist wieder Zivilist. Er hat Mikrobiologie studiert und ist Bakkalaureat der Naturwissenschaften. Während der Zeit, in der ihr Mann in München stationiert war, studierte Nina, seine Frau, an der dortigen Abteilung der University of Southern California. In München hatte Mrs. B. auch den folgenden Traum. Am 11. Juli 1968 sah sie sich mit einem blauen Auge; weiterhin bekam sie den Eindruck, daß sich auch Jeannie, eine gute Freundin von ihr, im Zusammenhang mit dem Balkon ihres im zweiten Stock eines Studentenwohnheims gelegenen Zimmer ein blaues Auge holen werde. Am nächsten Tag erzählte sie ihrer Freundin den Traum und riet ihr dringend, nicht auf den Balkon zu gehen. Jeannie schlug die Warnung jedoch in den Wind. Am 13. Juli, einem Samstag, ging sie abends in einen der Soldatenclubs zum Tanzen. Sie war zwar gegen 22.30 Uhr wieder zu Hause, da sie sich aber mit ihrem Freund versöhnen wollte, mit dem sie sich im Laufe des Abends gestritten hatte, versuchte sie sich gegen Mitternacht vom Balkon ihres Zimmers abzuseilen, um auf diese Weise ungesehen aus dem Wohnheim zu kommen. Sie glitt jedoch ab und stürzte zwei Stockwerke tief. Neben verschiedenen anderen Verletzungen hatte sie auch zwei blaue Augen. Als sie sich an die Warnung von Mrs. B. erinnerte, machte sie merkwürdigerweise Nina für ihren Unfall verantwortlich und verpaßte ihr auf diese Weise ein »seelisches« Veilchen.

Mrs. June L., die mit einem Vertreter verheiratet ist, arbeitet in einer großen Bank im Norden des Staates New York. Sie ist bereits mehrfache Großmutter. Ihre Vorwarnungen erhält sie teilweise in der Form von Wacheindrücken, teilweise in der Form von Träumen. Im Oktober 1948 hatte sie einen Traum, in dem sie ihren damals zweijährigen Sohn Dick vor Hüftschmerzen weinen sah, außerdem schoß aus der Hüfte auch noch Blut. Sie konnte sich auf den Traum keinen Reim machen. Ein paar Monate später zog Dick das rechte Bein nach und weinte ständig. Ein Arzt stellte fest, daß der Junge an Vitamin-C-Mangel litt und in Hüfthöhe innere Blutungen hatte. Er war zwar bald wieder gesund, wäre der Traum jedoch richtig verstanden worden, so wäre ihm wahrscheinlich ein Teil der Schmerzen erspart geblieben.

Trotz einiger schmerzlicher Erfahrungen mit parapsychischen Träumen will Mrs. Sue T. noch immer ihre ASW-Begabung erweitern. Sie ist eine attraktive Frau Mitte 30, von Beruf Mannequin und lebt mit ihrem Mann und ihren Kindern in Pennsylvanien. Ihr erster parapsychischer Traum kam ihr ziemlich albern vor. Sie war im Bad und versuchte, sich einen Splitter aus dem Finger zu ziehen. Plötzlich erinnerte sie sich an einen Traum, den sie am Nachmittag gehabt hatte. In diesem Traum war sie gerade dabeigewesen, mit einer Nadel einen Splitter aus ihrem Finger zu entfernen, als ihre Schwiegermutter und ihr Schwiegervater an der Badezimmertür erschienen waren. Sie hatte keine Zeit mehr, über den Traum nachzudenken, denn im nächsten Moment tauchten ihre Schwiegereltern tatsächlich an der Tür auf.

Weit weniger albern kam ihr ihr nächster Traum vor, er erwies sich am Ende sogar als Alptraum.

Sie und ihr Mann hatten ein neues Haus bezogen, und sie hatte ihr zweites und ihr drittes Kind bekommen. Eines Nachts hatte sie einen merkwürdigen Traum, aus dem sie weinend erwachte. In diesem Traum war sie zusammen mit ihren Kindern in einer eigenen Wohnung gewesen. Plötzlich hatte es geklopft. Draußen war ihr Mann gestanden und hatte gesagt: »Ich möchte dich meiner Frau vorstellen.« Er hatte eine fremde Frau bei sich gehabt, Mrs. T. konnte sich jedoch nicht an ihr Aussehen erinnern. Sie erzählte den Traum ihrem Mann und sagte ihm, daß sie in all dem keinen Sinn sehen könne.

Kurze Zeit später wurde ihr Mann in eine Kleinstadt in Pennsylvanien versetzt, und irgendwie ging daran langsam ihre Ehe kaputt. Die schwere Zeit, die Mrs. T. durchmachte, ließ sie den Traum vergessen, den sie vor der Übersiedlung gehabt hatte. Dann hatte sie jedoch einen weiteren ungewöhnlichen Traum: Sie ging vom Wohnzimmer ins Schlafzimmer, und als sie die Tür öffnete, sah sie ihren Mann mit einem Fremden am Küchentisch sitzen. Bei diesem Anblick durchzuckte sie der Gedanke, daß der Fremde sie auf Veranlassung ihres Mannes umbringen sollte. Darüber wachte sie schreiend auf.

Ihre Ehe ging endgültig in die Brüche, und sie verließ ihren

Mann im März 1971. Ende Oktober 1972 erwartete Mrs. T. ihren geschiedenen Mann, weil dieser ihr einen Wagen vorführen wollte. Als er vor ihrem Haus vorfuhr, erkannte sie in der jungen Frau, die ihn begleitete, die Frau aus ihrem ersten Traum. Er stellte sie zwar nicht ausdrücklich als seine Frau vor, es gab aber dennoch keinen Zweifel daran, um wen es sich bei ihr handelte. Die Beziehungen zwischen Mrs. T. und ihrem geschiedenen Mann wurden nach diesem Besuch immer schlechter, und es kam zu Auseinandersetzungen über irgendwelchen Besitz. Als Mrs. T. feststellte, daß ihr geschiedener Mann einen Schlüssel zu ihrer Wohnung hatte, erinnerte sie sich an ihren zweiten Traum und lebte in ständiger Angst. Schließlich zog sie weg, um sich in Sicherheit zu bringen.

Obwohl Mrs. S. G. schon achtfache Großmutter ist, arbeitet sie in einer ostamerikanischen Stadt noch immer als Anwaltssekretärin. Während des Zweiten Weltkriegs hatten sie und ihr Mann eine Reihe von Staatsanleihen gekauft, sie wußten jedoch nicht, wo sie sie sicher aufbewahren sollten. Doch dann bekam Mr. G. von seinem Chef die Erlaubnis, sie in den Firmensafe zu legen. Ein paar Jahre später träumte Mrs. G., zwei Einbrecher schlügen das Dachfenster des Gebäudes ein, schweißten den Safe auf und räumten ihn aus. Sie erzählte ihrem Mann von dem Traum und bat ihn, die Anleihen aus dem Safe zu nehmen, erntete damit aber nur Gelächter. In der folgenden Nacht hatte sie den gleichen Traum, und diesmal drängte sie ihren Mann so sehr, daß dieser am Freitag derselben Woche seinen Chef um die Wertpapiere bat. Als er am Montag der darauffolgenden Woche aus der Arbeit kam, berichtete er seiner Frau, daß ihr Traum übers Wochenende eingetroffen sei. Sein Chef hatte ihn natürlich gefragt, warum er die Anleihen zurückhaben wolle, statt ihm jedoch vom Warntraum seiner Frau zu erzählen (wodurch er möglicherweise den Einbruch verhindert hätte), hatte Mr. G. nur ausweichend geantwortet und war nicht weiter auf die Frage eingegangen.

Mrs. T. L. aus Long Island, New York, ist Künstlerin von Beruf. Als ihr geschiedener Mann beim Militär war, war er oft wochenlang dienstlich von zu Hause weg. Eines Nachts sah sie im Traum ihren Mann durch ein Gebirge fahren. Plötzlich ging eine Lawine nieder und begrub das Auto. Dieser Traum war so intensiv, daß Mrs. L. aufwachte. Da sich ihr Mann damals in Utah aufhielt, beschloß sie, auf seinen Anruf am Sonntagabend zu warten. Bei dieser Gelegenheit erzählte sie ihm dann von ihrem Traumerlebnis. Ihr Mann schwieg ein paar Augenblicke lang, dann berichtete er ihr, daß er auf der Fahrt durch ein Skigebiet von einer niedergehenden Lawine nur ganz knapp verfehlt worden sei, während das Auto hinter ihm verschüttet worden sei.

»Wenn ich von zukünftigen Dingen träume, die später wahr werden, so habe ich gleichzeitig mit dem Traum auch immer das bestimmte Gefühl, daß es sich nicht um einen ganz gewöhnlichen Traum handelt«, berichtete mir Margaret B. Ihr Mann macht sich jedoch über ihre parapsychischen Träume lustig und hält sie selbst für abergläubisch. Mrs. B. setzt sich schon seit Jahren aktiv für die Sache einiger amerikanischer Indianergruppen ein. Sie lebt mit ihrem Mann und ihrer kleinen Tochter im Norden des Staates New York, damals jedoch, als sie folgenden Traum hatte, lebte die Familie noch in Arizona.

Mrs. B. träumte, sie liege bei Einbruch der Dunkelheit auf ihrem Bett. Plötzlich hörte sie aus der Richtung des Gästehauses einen Schuß. Sie sprang auf und rannte bergab zum Gästehaus, wo sie zwei Männer sah. Der eine, bei dem es sich um ihren Mann zu handeln schien, lag mit dem Gesicht nach unten neben dem Gebäude, der andere stand auf einer Anhöhe und beobachtete von dort die Szene. Bei den schlechten Sichtverhältnissen konnte sie lediglich ausmachen, daß er groß und schlank war, von der Statur her also nicht zu den Yaqui-Indianern gehörte, für deren Sache sie und ihr Mann sich zu dieser Zeit einsetzten. Der Fremde hielt ein langes Gewehr in der Hand, dessen Kolben den Boden berührte. So sehr Mrs. B. auch ihre Augen anstrengte, sie konnte das Gesicht des Mannes nicht erkennen. Sie rannte dann weiter zu der Stelle, wo ihr Mann lag. Als sie bei ihm ankam, hatte sie das Gefühl, er sei tot, als sie ihn jedoch an den Schultern packte, um ihn auf den Rücken zu drehen, stellte sie fest, daß er noch lebte. Sie bedeutete ihm, er solle sich nicht rühren, weil ihr klar war, daß sonst der Fremde auf der Anhöhe noch einmal schießen würde. Über der bangen Frage, ob er es auch auf sie abgesehen habe, wachte Mrs. B. auf. Sie war entsetzt, und obwohl ihr Mann den Traum nicht ernst nahm, bat sie ihn inständig, eine Zeitlang nicht in die Nähe des Gästehauses zu gehen.

In der Folgezeit gerieten ihr Mann, sie und die anderen Mitglieder des Komitees, das sich für die Rechte der Indianer einsetzte, immer mehr unter Druck, und Brandstiftungen sowie Mordanschläge waren schon fast an der Tagesordnung. Da Mrs. B. in dem Traum nach wie vor eine Warnung für ihren Mann sah, drängte sie darauf, das Haus zu verkaufen und in eine andere Gegend zu ziehen. Schließlich gab ihr Mann nach, und sie zogen weg. Hier wurde also ein Warntraum beachtet, noch dazu einer, der mit großer Wahrscheinlichkeit eingetroffen wäre.

Mrs. C. ist Hausfrau, hat zwei Kinder und lebt in Arkansas. Vor ihrer Ehe war sie Kellnerin. Als ihr Sohn siebzehn war, hatte er einen Austin Healy, Baujahr 1963. Am 14. März 1973 sah Mrs. C. im Traum, wie ein Auto ins Schleudern geriet und sich anschließend überschlug. Auch ein ihr unbekanntes Mädchen kam in dem Traum vor. Sofort nach dem Aufwachen erzählte sie ihrem Sohn, was sie geträumt hatte, dieser maß dem Traum jedoch keinerlei Bedeutung bei. Ein paar Tage später wollte er unbedingt zu einer Freundin fahren, und Mrs. C. erlaubte es ihm schließlich auch. Er mußte ihr jedoch versprechen, sie sofort nach seiner Ankunft anzurufen. Kurze Zeit später wurde sie telefonisch davon unterrichtet, daß ihr Sohn verunglückt sei. An der Unfallstelle sah alles ganz genauso aus wie in ihrem Traum. Bei dem Mädchen, das sie nicht erkannt hatte, handelte es sich um eine Krankenschwester, die zufällig vorbeigekommen war und sich um den Jungen gekümmert hatte. Diesem Warntraum war leider keine Beachtung geschenkt worden.

Mrs. Jeani Magee aus Lousiana hat in ihrem Leben schon so viele bemerkenswerte ASW-Erlebnisse gehabt, daß sie sich gar nicht mehr an alle erinnern kann. Ein Warntraum wird ihr jedoch ewig im Gedächtnis bleiben. Am 16. Juli 1973 weckte sie morgens um 5 Uhr ihren Mann und erzählte ihm von einem Traum, in dem ein Mann erschossen worden war. Da sie den Mann nicht gekannt hatte, legte sie sich wieder schlafen, bemerkte aber noch: »Irgend etwas wird mir heute noch zustoßen!« Als sie um 8.30 Uhr erneut aufwachte, bat sie ihren Mann, an diesem Tag nicht in die Arbeit zu gehen, was ohne weiteres möglich war, da seine Sekretärin Urlaub hatte. Ihr Mann versprach ihr, er werde im Büro nur die Post durchschauen und gegen Mittag wieder zu Hause sein. Um 10.15 Uhr machte er sich auf den Weg. Im Haus waren nur noch Mrs. Magee, ihre neun Jahre alte Tochter Cathy, ihre zehn Monate alte Tochter Ashley sowie das Hausmädchen. Von den Vorgängen, die sich eine Viertelstunde nach dem Weggang Mr. Magees im Haus abspielten, berichtete *Associated Press* wie folgt:

»Ein Kidnapper, der am Montag an einer Straßensperre einem zehn Monate alten Baby eine Pistole gegen den Kopf drückte und so die Stellvertreter des Sheriffs in Schach hielt, wurde tödlich im Rücken getroffen, als er sich umdrehte, um auf einige Polizisten zu schießen. Gegen 10.45 Uhr drangen zwei Männer in das Haus der Familie Magee ein, fesselten Mrs. Magee, durchsuchten alle Räume und flohen mit etwa $400 in bar, dem Wagen der Magees und dem Mädchen. Ein Nachbar verständigte die Polizei, und die Beamten entdeckten schon kurz darauf den großen weißen Cadillac, in dem die beiden Flüchtigen saßen.«

Nach der Verfolgungsjagd wurde das Kind unversehrt seinen Eltern zurückgebracht. Alles war noch einmal gutgegangen, die Qualen, die Mrs. Magee ausstand, als die Verbrecher ihr Baby mitnahmen, lassen sich jedoch kaum in Worten ausdrücken. Hätte Mr. Magee auf seine Frau gehört und wäre nicht wegen der Post ins Büro gegangen, wäre möglicherweise alles ganz anders gekommen.

Der nächste Traum mag ein einfacher Warntraum sein, er kann aber auch auf das indirekte Eingreifen eines Verstorbenen zurückzuführen sein, der versuchte, etwas Unabwendbares erträglicher zu machen. Auf jeden Fall träumte Mrs. Sue P. aus Kalifornien 1967, ihr Sohn und sie befänden sich in einer großen Menschenmenge. Auch ihr Mann war bei ihnen. Plötzlich war er jedoch verschwunden, und Mrs. P. bat ihren Sohn, seinen Vater zu suchen. Der Junge kam kurze Zeit später weinend zurück und berichtete, sein Vater sei tot. Als Mrs. P. am nächsten Morgen diesen Traum ihrem Mann, einem Arzt, erzählte, lachte dieser und sagte, das sei doch »nur ein Traum«. Er war kerngesund, und es gab keinerlei Anlaß zur Besorgnis. Ein paar Wochen später hatte Mrs. P. einen weiteren Traum, in dem sie sich die Lokalzeitung durchblättern sah. Als sie zu den Todesanzeigen kam, las sie in einer ganz eindeutig den Namen ihres Mannes. Dieser Traum ängstigte sie, vor allem auch deshalb, weil sie acht Tage später noch einmal das gleiche Traumerlebnis hatte. In der Woche darauf starb Dr. C. P. völlig unerwartet an einem Herzinfarkt.

Wäre Dr. P.'s Tod vermeidbar gewesen? Hätte der Arzt den Warntraum seiner Frau ernst genommen, so hätte er sich Spezialuntersuchungen unterziehen können, und vielleicht wären dabei Anzeichen für einen bevorstehenden Infarkt entdeckt worden. Bekam Mrs. P. den Traum von den »Behörden« im Jenseits »geschickt«, damit ihr Mann eine faire Chance hatte, etwas gegen seinen beabsichtigten Tod zu unternehmen? Oder stand der Arzt auf der »Liste«, spielte es in anderen Worten also überhaupt keine Rolle, wie er auf den Warntraum seiner Frau reagierte? Eine klare Antwort auf diese Frage kann es nicht geben, da sich alles so abspielte, wie es vorhergesehen worden war.

Schließlich gibt es auch noch scheinbar echte Warnträume, die denjenigen ähneln, die später wirklich wahr werden, nur mit dem Unterschied, daß sie bis jetzt noch nicht wahr geworden sind. Zumindest nicht bis zur Abfassung dieses Buchs. Solches Material ist entweder »falsches« Traummaterial, das durch persönliche Ängste des Träumenden verursacht wurde, oder ganz einfach Traummaterial, das sich erst irgendwann einmal in der

Zukunft bewahrheiten wird. Wir wissen deshalb nicht, ob ein solcher Traum wirklich ein Warntraum war.

Ein interessanter und recht typischer Fall dieser Art ist ein Warntraum, den mir Mrs. Carol C. aus Huntington Beach, Kalifornien, berichtete. Sie ist Anfang 30, Hausfrau, hat zwei Kinder und lebt in einem wunderschönen Haus in Strandnähe. Sie glaubt nicht, daß sie medial begabt ist, trotzdem sind ihr schon einige Dinge passiert, die sie »überraschten«. Sie gibt zu, eine lebhafte Phantasie zu haben, sie interessiert sich sehr für die Vorhersagen anderer, hat schon sehr viel über ASW gelesen und weiß, daß für Kalifornien schon oft Erdbeben und Flutwellen prophezeit worden sind. Trotzdem informierte sie mich von einem Traum, in dem sie sah, wie sich eine Flutwelle auf einen Strand zuwälzte, wo sie und ihre Kinder, aber auch noch andere Menschen waren. Sie hörte, wie um sie herum die Felswände unter dem Aufprall des Wassers abbröckelten, ihren Kindern und ihr selbst passierte jedoch nichts.

Dieser Traum ist bisher noch nicht objektive Realität geworden, zumindest ist mir nichts von einer großen Flutwelle in Huntington Beach bekannt. War der Traum das Ergebnis einer allgemeinen, tiefsitzenden Furcht vor Naturkatastrophen an der kalifornischen Küste oder war es ein spezifischer, individueller Traum, der sich auf eine Situation bezog, die noch eintreten kann?

Den folgenden Traum habe ich erst nach langem Zögern in dieses Kapitel aufgenommen, er betrifft nämlich eine bekannte Persönlichkeit und hat sich bisher noch nicht erfüllt, wird sich vielleicht überhaupt nie erfüllen. Sollte er nach dem unerforschlichen Willen des Schicksals doch noch real werden, so wird seine Veröffentlichung zum besseren Verständnis des Phänomens beitragen, um das es hier geht.

Im Juni 1969 teilte mir Shirley Griffith aus Texas schriftlich einen seltsamen Traum mit, über den sie sehr bestürzt war. Am 15. Juni 1969 gegen 3 Uhr morgens träumte sie von einem Autounfall auf einer einsamen Landstraße, die auf einer Seite von Stacheldraht begrenzt wurde. Auf dieser Seite lagen die Felder höher als die Straße, und sie stiegen allmählich zu einem Hügel an. Das Gras war hoch und saftig, und nach den Lichtverhältnissen zu schließen, war es später Nachmittag. Oben auf dem Hügel sah Miss Griffith eine Gruppe von dunkelgrünen, dichtbelaubten Büschen. Bei dem Auto handelte es sich um einen schnittigen Sportwagen, Miss Griffith meinte, um einen roten Jaguar. Es saß nur eine Person darin, und der Unfall ging auf überhöhte Geschwindigkeit zurück. Es gab einen grellen Blitz, und von dem Wagen blieben nur Einzelteile übrig, die als großer Feuerball die Straße hinunterrollten. Unmittelbar danach sah Miss Griffith einen Zeitungsausschnitt. Der abgebildete Mann, um den es in dem Ausschnitt ging, war der Schauspieler W. S. Die fettgedruckte Überschrift war etwa 2 cm hoch, links war das Bild, und rechts war in drei Spalten ein Nachruf abgedruckt. Miss Griffith erinnerte sich ganz deutlich, daß ihr der Tod dieses Mannes einen richtigen Schock gab und daß sie im Schlaf weinte. Das Traumbild, das die ganze Zeit über unverändert scharf gewesen war, begann nun erst langsam, dann immer schneller unscharf zu werden, und Miss Griffith wachte mit einem Schlag auf.

Sobald sie wieder klar denken konnte, erzählte sie ihrer Mutter von dem Traum. Sie kennt den Schauspieler nicht persönlich, ist auch gar nicht daran interessiert, ihn kennenzulernen, gibt jedoch zu, für ihn zu schwärmen. Es ist also nicht auszuschließen, daß der Traum seinen Ursprung in eben dieser romantischen Schwärmerei hatte. Auf der anderen Seite war er jedoch zu intensiv, um als Phantasieprodukt eines Fans abgetan zu werden. Erst die Zukunft wird enthüllen, um welche Art von Traum es sich handelte.

VIII.
Jenseitsträume

Unter Jenseitsträumen verstehe ich Traummaterial, in dem es zu einer Kommunikation mit dem Jenseits, also mit sogenannten Toten kommt. Derartige Träume haben nichts mit dem Fortleben des Träumenden nach dem Tod zu tun, sondern beweisen, wenn sie echt sind, die Weiterexistenz eines Verstorbenen. Auch in diesem Material sehen viele orthodoxe Psychiater Wunscherfüllungen, Schuldkompensierung oder andere Formen der Selbsttäuschung; sie sprechen ihm jegliche ojektive Realität ab und behaupten, es habe seinen Ursprung ausschließlich im Träumenden selbst. Ohne Zweifel gehen manche dieser Träume vom Unbewußten des Träumenden aus, und es ist Träumenden auch ganz bestimmt möglich, die »Anwesenheit« toter Verwandter oder Freunde in den Traumzustand hineinzuprojizieren, derartige Träume unterscheiden sich jedoch ganz deutlich von echten Jenseitsträumen. In parapsychischen Jenseitsträumen ist die Kommunikation klar und präzis, außerdem ist der Verstorbene einwandfrei zu erkennen, und für gewöhnlich, wenn auch nicht immer, wird eine Botschaft übermittelt, die erst *nach* dem Traum objektive Realität wird oder die nur für einen ganz bestimmten Menschen, bei dem es sich nicht einmal um den Träumenden selbst handeln muß, von Bedeutung ist. Natürlich gibt es auch noch andere Kennzeichen, so kann ein Verstorbener beispielsweise Kleidungsstücke anhaben, die er bei seinem Tod trug, wovon der Träumende jedoch gar nichts wissen kann. Manchmal enthalten derartige Träume auch Hinweise auf Dritte, mit denen der Träumende selbst überhaupt nichts anfangen kann, die sich aber bei einer späteren Überprüfung als völlig richtig herausstellen. Das Material, um das es mir hier geht, läßt sich also nur schwer als Phantasieprodukt abtun, es sei denn, jemand will es mit aller Gewalt ins Lächerliche ziehen, selbst auf Kosten der Wahrheit.

In rund der Hälfte aller Fälle erfolgt die Kommunikation aus dem Jenseits im Traumzustand, da es für Tote leichter ist, mit Schlafenden Verbindung aufzunehmen. Wie ich bereits erklärt habe, schafft die Lockerung der Bande zwischen dem Bewußtsein und dem Unterbewußtsein im Schlafzustand die Voraussetzung für eine leichtere Übermittlung derartigen Materials. Da parapsychische Eindrücke nicht mit den körperlichen Sinnen wahrgenommen werden, sondern mit Hilfe von feinen, inneren Sinnesorganen, ist die Ausschaltung des äußeren Wahrnehmungsapparates im Schlaf natürlich sehr vorteilhaft. Der Kommunikator muß sich nämlich nicht erst durch die dichtere Schicht der physischen Sinnesorgane arbeiten, sondern kann direkt mit den inneren Kontakt aufnehmen, die im Traumzustand gewissermaßen freigelegt werden. Das Ganze läßt sich mit dem Kochen von Kartoffeln vergleichen: schält man sie zuerst, so kochen sie schneller und sind früher weich, kocht man sie dagegen mit der Schale, so muß die Hitze erst einmal die Schale durchdringen, und es wird folglich mehr Zeit und Energie benötigt. Die zeitweilige Ausschaltung des äußeren Körpers ermöglichte es dem Kommunikator also, den inneren Körper schneller und besser zu erreichen.

Vor allem müssen wir uns vor Augen halten, daß mit Jenseitsträumen eine Absicht verbunden ist. Sie enthalten stets eine Botschaft, die jedoch in ihren Auswirkungen und in ihrer Wichtigkeit von Fall zu Fall verschieden sein kann. Die Verstorbenen nehmen mit den Lebenden nicht aus Selbstgefälligkeit Kontakt auf, es sei denn, sie wollen beweisen, daß sie in einer anderen Dimension weiterexistieren. Das kann man jedoch kaum als selbstgefällig bezeichnen, denn schließlich ist der Beweis für das Fortleben von Verwandten und Bekannten für viele Menschen ein wichtiger Faktor, besonders für solche, denen aufgrund ihrer Erziehung oder irgendwelcher Umwelteinflüsse diese Wahrheit bisher verschlossen war. Es gibt immer einen Grund dafür, daß sich Tote oder Geister, wenn Ihnen dieser Ausdruck besser gefällt, mit Lebenden im Traumzustand in Verbindung setzen.

Manchmal mag dieser Grund nicht sofort klar ersichtlich sein, irgendwann wird er es jedoch bestimmt werden. Der Träumende sollte in jedem Fall davon ausgehen, daß hinter dem Jenseitstraum eine ganz bestimmte Absicht steckt, und er sollte ihn deshalb nicht einfach ignorieren.

Nicht alle Jenseitsträume erregen derartig viel Aufsehen wie derjenige, über den die Washingtoner *Daily News* am 7. Mai 1969 berichtete. Eine Mutter in Karatschi, Pakistan, träumte, ein weißgekleideter Mann fordere sie auf, das Grab ihrer zweijährigen Tochter zu öffnen, die fünfzig Stunden vorher bestattet worden war. Als sie die Geschichte ihren Nachbarn erzählte, wurde sie ausgelacht. Einige glaubten ihr jedoch und gingen zum Friedhof, um das Grab zu öffnen. Als man den Sarg aufmachte, war das Kind noch am Leben und lutschte am Daumen. Der parapsychische Traum seiner Mutter hatte ihm das Leben gerettet. Leider stand nichts über den Kommunikator in der Zeitung. Ganz offensichtlich war jemand »hinter der Grenze des Todes« der Meinung gewesen, die Zeit des Mädchens sei noch nicht gekommen, und hatte sich deshalb zum Eingreifen entschlossen.

Louise S., eine Hausfrau, lebt in Ohio. Sie ist Ende 40, seit 22 Jahren verheiratet und hat 3 Kinder. Ihr Interesse gilt der ASW, besonders deshalb, weil sie schon zahlreiche Erlebnisse auf diesem Gebiet gehabt hat. Am 8. August 1968 träumte sie, ihr Schwiegervater, der 5 Monate vorher gestorben war, klopfe an ihre Tür. Er erzählte ihr, er verbringe einen sehr traurigen Urlaub, und er schüttelte fortgesetzt den Kopf. Dann warnte er sie vor ihrem eigenen Urlaub. Mrs. S., die sich nach dem Aufwachen ganz deutlich an diesen Traum erinnerte, sah ihrem Urlaub natürlich mit einiger Besorgnis entgegen. Im Dezember dieses Jahres bekam sie eine schwere Grippe, und am 27. Dezember erhielt sie die Nachricht, daß ihre Schwiegermutter gestorben sei. Doch nicht nur aus diesen beiden Gründen war ihr Urlaub alles andere als erfreulich, nach dem Todesfall kam es zusätzlich auch noch zu Erbstreitigkeiten.

Mrs. Judy Hendrick ist Mitte 30, sie ist mit einem Polizeibeamten verheiratet, hat 3 Kinder und lebt in Illinois. Da sie schon seit ihrem achten Lebensjahr Warnträume und andere ASW-Erlebnisse hat, ist sie zu der Überzeugung gekommen, auf diesem Gebiet eine besondere Begabung zu haben. Ihr Mann dagegen zeigt für diese Dinge keinerlei Interesse. Im Juli 1961 hatte sie einen Traum, in dem ihr ihr verstorbener Vater mit einem ihrer Lieblingsonkel, Joe K., erschien. Das überzeugte sie davon, daß auch ihr Onkel gestorben sei. Am Morgen erzählte sie ihrem Mann von ihrem Traum, dieser meinte jedoch, sie solle sich keine unnötigen Sorgen machen. Mrs. Hendrick war aber trotzdem in Unruhe; sie schrieb deshalb an ihre Mutter und erkundigte sich auch nach dem Befinden Onkel Joes. Erst da erfuhr sie, daß ihr Onkel an Leukämie gestorben war. Weil Mrs. Hendrick damals in anderen Umständen war, hatte die Familie beschlossen, mit der Nachricht bis nach der Entbindung zu warten. Mrs. Hendrick konnte von der tödlichen Krankheit ihres Onkels gar nichts gewußt haben, zum einen deshalb, weil sie erst unmittelbar vor seinem Tod festgestellt worden war, zum andern deshalb, weil er mehr als 2000 Meilen von ihr entfernt gelebt hatte.

Im August 1968 arbeitete Mrs. Hendrick als Cocktailserviererin in einem Club. Sie hatte sich mit ihren beiden Kolleginnen, den Töchtern des Eigentümers, angefreundet, und als eine der beiden, Janet, ihren Hochzeitstermin festgesetzt hatte, wurde selbstverständlich auch sie eingeladen. In der darauffolgenden Nacht erschien ihr ihr Vater im Traum und teilte ihr mit, Janets Verlobter werde einen Autounfall haben und die Hochzeit werde deshalb verschoben werden. Kurze Zeit später kam ihr Mann vom Nachtdienst zurück und erzählte ihr von einem Unfall zwischen einem Lkw und einem Pkw. Leider konnte er sich an die Namen der Beteiligten nicht erinnern. Noch während er sprach, faßte Mrs. Hendrick den Entschluß, Janet anzurufen und sie zu fragen, ob mit ihrem Verlobten alles in Ordnung sei. Bevor sie jedoch am Morgen diese Absicht in die Tat umsetzen konnte, erhielt sie einen Anruf von Janets Schwester und erfuhr, daß die Hochzeit verschoben werden müsse, weil Janets Verlobter in einen Autounfall verwickelt gewesen sei.

Das Faszinierende an diesem Traumtyp ist, daß einige Tote offensichtlich zu bestimmten Zeiten ihren Verwandten und Bekannten auf der irdischen Ebene Vorabinformationen zukommen lassen können, um den Schock eines Unglücks oder einer Tragödie aufzufangen. Selbst diese kurzen Blicke in die Zukunft bestärken meine Überzeugung, daß alle Ereignisse von irgendeinem Gesetz vorherbestimmt werden und daß diejenigen, die in die nächste Dimension eingegangen sind, Ereignisse häufig schon vor *unserer* Zeit sehen können und uns manchmal an ihrem Wissen teilhaben lassen. In vielen Fällen sind zur Zeit eines prophetischen Traums noch nicht einmal die Voraussetzungen für das Ereignis geschaffen, und doch ist die Information bereits vollständig!

Edwin M., ein Immobilienmakler, ist Ende 60 und lebt in Kalifornien. Einige seiner prophetischen Träume erfüllen sich schon am folgenden Tag, andere teilweise erst zehn Jahre später. Während des Zweiten Weltkriegs hatte er einen Traum, in dem ihm seine Mutter erschien und sagte: »Dein Cousin Harry ist tot!« Zwei Tage später erhielt er einen Brief von seiner Mutter, in dem sie ihm mitteilte, das Kriegsministerium habe sie telegrafisch davon in Kenntnis gesetzt, daß der Cousin vermißt werde.

Interessant ist hier, daß Mr. M.'s Mutter noch am Leben war, als er den Traum hatte. Warum erschien Harry dem Träumenden nicht selbst, um ihm seinen Tod mitzuteilen? Die Antwort ist ganz einfach: Harry konnte zwar mit Mr. M.'s Mutter Kontakt aufnehmen, nicht aber mit Mr. M. selbst, und zwar aus dem gleichen Grund, aus dem auch manche Medien nur mit ganz bestimmten Verstorbenen in Verbindung treten können. Aber offensichtlich führte der Kontakt nicht dazu, daß Mr. M.'s Mutter die Botschaft von Harrys Tod erhielt, wohl aber Mr. M. Nur durch den Einschluß von Mr. M.'s Mutter in seine übermittelte Botschaft war es Harry möglich, seine Familie von seinem Tod wissen zu lassen.

Manche dieser außerirdischen Kommunikatoren, Führer aus der Geisterwelt, wenn sie so wollen, sind nicht nur ausgesprochen beredt, sie können auch Ereignisse zeitlich ziemlich genau fixieren, was irdischen Medien nicht ohne weiteres möglich ist.

Mrs. Margaret R., von der in diesem Buch bereits die Rede war, war im Zweiten Weltkrieg mit einem Offizier der Luftwaffe verlobt. Nachdem sie und ihr Verlobter zweieinhalb Jahre getrennt gewesen waren, war sie natürlich äußerst unglücklich, als sie sich kurz nach ihrer offiziellen Verlobung erneut trennen mußten. Sie betete jeden Abend für ihren Verlobten und wachte oft tränenüberströmt auf. Eines Nachts, etwa eine Woche nach seiner Abreise, hatte sie einen merkwürdigen Traum, in dem sie sich weinend in der Küche einen Brief von ihm lesen sah. Plötzlich hörte sie eine Frauenstimme sagen: »Wein nicht, Margaret, er wird am 26. Oktober wieder zu Hause sein!« Unmittelbar danach wachte Mrs. R. auf.

Seltsam an diesem Traum war, daß die ihr unbekannte Stimme sie Margaret genannt hatte, während sie sonst allgemein Meg hieß. Diesen Traum hatte sie in der letzten Maiwoche, und in den folgenden Wochen und Monaten wartete sie gespannt, weil sie sicher war, ihr Traum werde in Erfüllung gehen, obwohl ihr Verlobter im Südpazifik stationiert war. Sie erzählte auch ihrer Familie und Freunden, was sie geträumt hatte. Dann, am 24. Oktober, erhielt sie ein Telegramm von ihrem Verlobten, in dem dieser ihr mitteilte, er sei in Miami und werde in ein paar Tagen nach Hause kommen. Und am 26. Oktober um 22.30 Uhr stand er tatsächlich vor der Tür!

Ganz offensichtlich sind Informationen aus diesen Quellen verläßlicher als menschliche Schlüsse oder als die Wahrscheinlichkeit. Viele Jahre später träumte Mrs. R., ihre in Kalifornien lebende Schwester werde sie ohne ihre Familie mit dem Flugzeug besuchen. Als sie mit ihrer Mutter darüber sprach, sagte diese, daß mit dem Besuch wohl kaum zu rechnen sei, daß ihre Tochter aber, falls überhaupt, bestimmt nicht allein kommen würde. Ein paar Tage später tauchte die Schwester jedoch tatsächlich auf, sie war allein und mit dem Flugzeug gekommen.

Mrs. Virginia Fleming bezeichnet sich selbst als »durchschnittliche Hausfrau«. Sie lebt in Massachusetts, hat fünf Kinder und ist nicht berufstätig. 1962 ging sie eines Abends früh schlafen. In der Nacht wachte sie plötzlich entsetzt auf, weil sie im Traum eine besorgte und eindringliche Stimme gehört hatte. Die Stimme, die sie nicht erkannt hatte, obwohl sie im ersten Moment der Meinung gewesen war, sie gehöre ihrem verstorbenen Vater, hatte nur ein einziges Wort gesagt, nämlich »Jini«. Mrs. Fleming schaute auf ihre Uhr und sah, daß es drei Minuten nach Mitternacht war. Sie stand mechanisch auf und ging nach unten, um die Polizei anzurufen, ohne überhaupt zu wissen warum. Sie hatte einfach das Gefühl, dies tun zu müssen. Als sie den Hörer abgenommen hatte, hörte sie am anderen Ende der Leitung eine Männerstimme, obwohl das Telefon gar nicht geklingelt hatte. Sie war mit einem Polizeirevier verbunden und erfuhr, daß ihr Mann einen Unfall gehabt habe. Sein Wagen hatte nur noch Schrottwert, er selbst hatte jedoch nur einen Schock erlitten.

Sechs Jahre später, am 22. November 1968, hatte sie ein ähnliches Erlebnis. Sie war wieder recht früh schlafen gegangen und wurde von derselben Stimme geweckt, die erneut nur ihren Namen, »Jini«, rief. Es war genau 23.33 Uhr. Plötzlich erinnerte sie sich, daß sie in ihrem Traum den Aufprall eines Körpers auf die Fahrbahn gehört hatte. Der Eindruck war so real, daß sie aufstand und nachsehen ging, ob auf der Straße vor ihrem Haus tatsächlich etwas Derartiges passiert sei. Sie nahm natürlich an, ihrem Mann sei etwas zugestoßen. Wovor sie die Stimme hatte warnen wollen, erfuhr sie jedoch erst am Morgen. Um 7 Uhr hörte sie in den Nachrichten, daß ihr Cousin Lawrence beim Überqueren einer Straße von einem Auto tödlich verletzt worden war. Der Unfall hatte sich genau um 23.33 zugetragen, also zu der Zeit, als Mrs. Fleming im Traum die Stimme gehört hatte.

Mrs. M. S., eine Erzieherin, lebt im Mittleren Westen. Sie hat schon seit frühester Kindheit parapsychische Erlebnisse. Besonders interessant für dieses Kapitel ist meiner Meinung nach ein Traum, den sie Anfang 1975 hatte.

»Mein Vater erschien mir im Traum und forderte mich auf, einen Blick in eine ganz bestimmte Schublade einer Frisierkommode zu werfen, die wir kurz vorher aus einem anderen Bundesstaat geholt hatten und deren Inhalt ich noch gar nicht durchgesehen hatte. Als ich aufwachte und nachschaute, fand ich einige Reiseschecks aus dem Jahre 1963. Da wir in diesem Monat ziemlich knapp bei Kasse waren, war ich darüber natürlich sehr froh. Ich war mir nicht bewußt, in den Tagen vor diesem Traum an meinen Vater gedacht zu haben, ganz bestimmt jedoch hatte ich nicht an die Reiseschecks gedacht — ich wußte ja überhaupt nichts von ihrer Existenz!«

Mrs. Susannah D. aus New Jersey, die ich an anderer Stelle bereits erwähnt habe, berichtete mir einen interessanten Jenseitstraum. Auf der High School hatte sie sich mit einem Jungen namens Tony angefreundet. Sie war ein paar Mal mit ihm ausgegangen, es war aber zu keiner engeren Beziehung gekommen. Später hatten sich ihre Wege getrennt, und im August 1945, als sie den Traum hatte, hatte sie schon seit acht oder zehn Jahren keinerlei Kontakt mehr zu ihm oder seiner Familie. Sie hatte in der Zwischenzeit auch geheiratet und war Mutter einer zweijährigen Tochter. In diesem Traum sah sie Tony in einem abstürzenden Flugzeug sitzen. Er schrie ununterbrochen: »Sue, hilf mir!« Mrs. D. wachte schweißgebadet auf, und sie entschloß sich, nachdem sie mit ihrem Mann gesprochen hatte, mit Tonys Familie Verbindung aufzunehmen. Die Eltern teilten ihr mit, sie seien am Tag ihres Traumes, jedoch schon *ein Jahr zuvor,* telegrafisch davon unterrichtet worden, daß ihr Sohn bei der Invasion der Normandie mit seinem Flugzeug abgeschossen worden sei.

Warum Mrs. D. diese Botschaft nicht gleichzeitig mit dem Ereignis erhielt, ist vielleicht gar nicht so schwer zu erklären, wie es auf den ersten Blick scheinen mag. Es ist nicht auszuschließen, daß die Botschaft zur Zeit der Tragödie zwar ausgestrahlt wurde, daß sie Mrs. D. aber nicht erreichte. Möglicherweise erinnerte sich der tote Tony genau ein Jahr später seiner Tragödie, durchlebte sie noch einmal, und nun erreichten seine Gedanken seine frühere Freundin. Gegenüber anderen Zeiten haben Jahrestage von aufwühlenden Ereignissen häufig ein wesentlich größeres Gewicht.

Rose T. aus Wien berichtete mir am 24. Oktober 1974 brieflich von einem interessanten Traum. Sie wohnte zusammen mit ihrer betagten Mutter und einem Bruder, der Alkoholiker geworden war, und deshalb eine ständige Bedrohung für die Familie war. Frau T.'s Mutter regte sich so sehr auf, daß sie am 27. Oktober 1973 starb. Kurz vor ihrem Tod vertraute sie ihrer Tochter Rose an: »Sollte ich das Krankenhaus nicht mehr lebend verlassen, so werde ich meinen Sohn holen, denn der taugt nichts!« Der Sohn verunglückte am 27. Januar 1974 tödlich. In der Nacht vor dem Begräbnis hatte Rose einen Traum, in dem sie aus ihrem Zimmer in ein kleineres Zimmer ging, wo sie ihre Mutter auf einem Bett sitzend vorfand, so, als ob sie noch am Leben sei. Die Mutter sagte: »Rose, ich werde dich heute begleiten.« Mrs. T. entgegnete: »Mutter, das ist doch unmöglich, du lebst doch gar nicht mehr!« Die alte Dame wiederholte jedoch noch einmal mit Nachdruck, daß sie ihre Tochter begleiten werde. Am nächsten Tag, bei dem Begräbnis ihres Bruders, war Rose vollkommen allein, da es weder andere Verwandte noch enge Freunde gab. Unter diesen Umständen war ihr die — wenn auch unsichtbare — Anwesenheit ihrer Mutter ein echter Trost.

Mrs. Regina Rudiger informierte mich über einen äußerst ungewöhnlichen Traum ihrer Schwester, Mrs. M. S. aus Boston. In diesem Traum verlangte ein Bruder, der kurze Zeit vorher gestorben war, von Mrs. S., sie solle dafür Sorge tragen, daß sein Leichnam ausgegraben und an einer anderen Stelle des Friedhofs wieder eingegraben werde, da sich in seinem Grab Wasser ansammle. Die Familie konnte sich zu keinem Entschluß durchringen und besprach sich mit kirchlichen Stellen. Nachdem sie aber vom Gesundheitsamt die entsprechende Erlaubnis bekommen hatte, ließ sie das Grab doch öffnen. Es stellte sich heraus, daß die Beschwerde des Bruders vollkommen berechtigt war: das Grab stand unter Wasser, und die Leiche wurde deshalb an einer trockeneren Stelle erneut beerdigt. Das ursprüngliche

Grab steht noch heute leer.

In einem zweiten Traum bat der Bruder darum, seiner Mutter den Besuch seines Grabs zu verbieten. Den Schwestern kam das anfangs komisch vor, doch dann fanden sie heraus, daß ihre Mutter tagaus, tagein die beschwerliche Reise zum Grab unternahm, obwohl es ihr damals gesundheitlich nicht sehr gut ging.

Daß die Toten sehr stark an den Angelegenheiten der Lebenden interessiert sind, ist nicht unbedingt neu. Viele Tote nehmen jedoch auch ihre irdischen Pläne mit sich in die nächste Dimension.

Mrs. Anna S. aus Pittsburgh, Pennsylvanien, lebte vierzig Jahre lang in New York. Einmal wurde ein Cousin von ihr, Albert, im Bellevue Hospital stationär behandelt. Sie wollte ihn zwar besuchen, da sie aber selbst krank war, mußte sie den Besuch immer wieder verschieben. Ein anderer Cousin, Rudolph, hielt sie jedoch über Alberts Befinden auf dem laufenden. Eines Morgens gegen 5 Uhr erwachte Mrs. S. aus tiefem Schlaf. Sie hatte geträumt, Albert sei sie besuchen gekommen und sie habe sich sehr darüber gefreut, ihn zu sehen. »Ich bin gekommen, um mich zu verabschieden«, hatte er gesagt. »Ich gehe heim und mache zusammen mit meinem Bruder Ignatz ein Geschäft auf.« Selbst im Traum war dies Mrs. S. komisch vorgekommen, denn sie wußte, daß Ignatz schon seit Jahren tot war. Am Vormittag läutete das Telefon. Es war Rudolph, der ihr mitteilte, Albert sei am Morgen um 5 Uhr gestorben.

Häufig und verständlicherweise haben Menschen das Bedürfnis, im Moment des Todes mit Verwandten oder Freunden zu kommunizieren.

Mrs. Margaret M. aus Pennsylvanien machte am Sonntag, dem 7. Dezember 1941, ein Nickerchen, als sie durch die Stimme ihres Bruders geweckt wurde, die ihren Kosenamen, »Sis«, rief. Noch halb im Traum sah sie seinen Kopf und sein Käppi, die von der Decke aus auf sie zukamen. Als sie sich gefaßt hatte, stellte sie fest, daß ihr Kissen tränennaß war. Sie wußte zwar, daß ihr Bruder Unteroffizier in der Armee war, sie hatte aber keine Ahnung, wo er stationiert war. Kurze Zeit später erfuhr sie, daß die Vereinigten Staaten von Japan angegriffen worden waren und daß ihr Bruder, der auf Oahu, Hawaii, stationiert gewesen war, zu denjenigen gehörte, die schon am ersten Kriegstag gefallen waren.

Einige Jenseitsträume übermitteln eine mehr philosophische Botschaft, vielleicht wollen Verstorbene damit Freunde und Verwandte auf der Erde mit ihrer Weiterexistenz und ihrer Glückseligkeit in einer anderen Dimension vertraut machen, vielleicht wollen sie sie aber auch über das Jenseits informieren, in das wir alle eines Tages eingehen werden.

Mrs. Helen J., die im Norden des Staates New York lebt und einen Sohn auf tragische Weise verloren hat, ist bereits an anderer Stelle dieses Buchs erwähnt worden. Im Juni 1966 hatte sie einen Traum, in dem sie sich in eine geistige Welt höherer Ordnung versetzt fühlte, wie sie sich ausdrückte. Sie sah sich in einem wunderschönen Raum stehen, überall waren herrliche Farben, und sie nahm ein Glücksgefühl wahr, das sich nicht mit menschlichen Worten beschreiben läßt. »Plötzlich wußte ich, daß mir Gott in dieser Nacht die Gnade gewährte, mit meinem Sohn sprechen zu dürfen,« erzählte Mrs. J. »Er kam zu mir und umarmte mich. Wir sprachen durch Gedankenübertragung miteinander. Ich sagte: ›Erzähl, David, wie ist es denn bei euch?‹ Mein Sohn antwortete: ›Mutter, es ist wunderbar hier, und niemand wird alt. Die Erde ist der Weg zur Hölle.‹ Ich fragte ihn, ob ich mit ihm gehen könne, aber er streckte mir abwehrend den Arm entgegen und sagte: ›Nein, noch nicht, aber du wirst noch vor dem Ende der Welt hiersein.‹«

Mrs. Rosemarie C., Hausfrau aus Ohio, hat schon eine Reihe von parapsychischen Träumen gehabt. Vor ein paar Jahren lebte sie mit ihrem Mann im Haus ihrer Mutter. Im Nachbarhaus wohnte ein älterer Mann namens K., den Mrs. C. jedoch nur flüchtig kannte. Eines Nachts hatte sie einen merkwürdigen Traum. Sie sah die verschwommene Gestalt eines Mannes hinter der Milchglastür einer Duschkabine. Der Mann, der nichts anzuhaben schien, fuchtelte wild mit den Armen und rief einen Mädchennamen, den Mrs. C. aber nicht genau verstehen konnte. Plötzlich wurde die Gestalt regungslos, sie stürzte gegen die Glastür und rutschte auf den Boden. Als Mrs. C. am Morgen aufwachte, standen vor dem Nachbarhaus Polizeiautos und ein Rettungswagen. Mr. K. war neben dem Telefon, dessen Hörer herunterhing, an einem Herzinfarkt gestorben. Offensichtlich hatte er noch versucht, seine Tochter anzurufen, er war jedoch nicht durchgekommen. Irgendwie war es ihm aber gelungen, das Bewußtsein seiner medial veranlagten Nachbarin zu durchdringen, und er hatte im Moment seines Todes mit ihr Kontakt aufgenommen.

»Soll ich den Traum ignorieren oder soll ich versuchen, etwas zu unternehmen?« fragte mich Jillianne A. aus Pennsylvanien. Sie hatte mehrmals einen äußerst ungewöhnlichen Traum, in dem Brian Epstein, der verstorbene Manager der Beatles, auftrat. Er sah abgezehrt, müde und verzweifelt aus. Unter dem linken Auge hatte er eine Verletzung. Er kam zu ihr, und sie führte ihn zu Orten, an denen sie noch nie gewesen war, über die sie jedoch alles zu wissen schien. Außerdem erzählte sie ihm, wie es den Beatles nach seinem Tod ergangen sei. In jedem Traum bat sie der Exmanager, die Gruppe zu warnen und sich mit ihr in Verbindung zu setzen. Die damals 25jährige Miss A. kannte weder Brian Epstein noch die Beatles persönlich, sie war jedoch nach eigenen Worten ein begeisterter Fan der Gruppe und bezeichnete sich selbst als »wandelnde Beatles-Enzyklopädie«. Unter diesen Umständen liegt natürlich die Vermutung nahe, daß ihr emotionales Interesse an der Gruppe die Gestalt des Exmanagers in die Träume einbrachte. Kann es nicht aber auch so sein, daß sie der Exmanager wegen ihrer Begeisterung und wegen ihrer medialen Begabung dazu ausersah, der Gruppe seine Botschaft zu überbringen?

Zum Schluß noch ein kurzer Traum von mir selbst, der mir ebenfalls in diese Kategorie zu gehören scheint. Als mein Vater am 25. Juli 1966 starb, hielt ich mich gerade in Irland auf. Im

Sommer 1968, kurz vor einer weiteren Auslandsreise, stellte ich mir die Frage, wie es wohl meinem Vater in der nächsten Dimension gehe. In der Nacht des 4. Juli hatte ich einen Traum, in dem mein Vater mit lauter Stimme mit mir telefonierte. »Mir geht es gut. Mir geht es gut«, sagte er und wiederholte diese Phrase mehrere Male, so, als ob er mir Gewißheit verschaffen wolle. Das war der ganze Traum, er war jedoch sehr intensiv, und ich hatte das Gefühl, er sei eine Antwort auf meine Grübelei vom Vorabend. Träume dieser Art beweisen natürlich strenggenommen überhaupt nichts, sie passen aber neben den vielen detaillierteren und beweiskräftigeren Träumen sehr gut in diese Kategorie.

IX. Reinkarnationsträume

Im Mittelpunkt mancher gängiger Romane stehen Träume von einem früheren Leben, die immer wiederkommen, für gewöhnlich ziemlich plastisch sind und den Träumenden vor Rätsel stellen. Leider sind nicht alle Reinkarnationsträume so deutlich und so hartnäckig. Die meisten sind unvollständig, verworren und insgesamt frustrierend, denn der Träumende hat zwar hinterher das Gefühl, einen ungewöhnlichen Blick in seine Vergangenheit getan zu haben, er muß aber auch feststellen, daß die Hinweise nicht so deutlich waren, daß er ihnen in der nächsten Bibliothek nachgehen kann.

Reinkarnationsträume sind Träume, in denen man Tätigkeiten verrichtet oder sich an Orten befindet, die einem in seiner bewußten Existenz nicht vertraut sind. Sie unterscheiden sich von den ersten beiden Traumkategorien in genau den Punkten, in denen sich alle parapsychischen Träume von »gewöhnlichen« Träumen unterscheiden: Sie sind spezifisch, trotz ihres fragmentarischen Charakters klar, und man erinnert sich nach dem Aufwachen noch ganz genau an sie. Reinkarnationsträume sind vor allem dadurch charakterisiert, daß sie sich mehrfach genau wiederholen; manchmal kann es jedoch auch vorkommen, daß sich ein Traum nur zum Teil wiederholt und eine veränderte Fortsetzung hat. Häufig fragt man bei dieser Art Traum, ob er auf Hellsehen beruhe — auf dem Versuch eines Verstorbenen, dem Träumenden seine Geschichte mitzuteilen. Dieses Argument ist jedoch leicht zu widerlegen: Bei Menschen, die Reinkarnationsträume haben, zeigen sich vor und nach solchen Träumen nur selten oder überhaupt nie mediale Fähigkeiten oder ein ausgeprägtes Talent zur ASW auf anderen Gebieten. Echte Reinkarnationsträume führen auch zu einer gewissen Unruhe, einem

Zwang, dem Traum nachzugehen, was bei anderen Traumarten nicht der Fall ist. Der Träumende sieht sich gegenüber seinem realen Aussehen verändert, und doch weiß er, daß *er* es ist und daß alles *ihm* widerfährt. In anderen parapsychischen Traumtypen spielen sich Szenen ab, bei denen der Träumende nur Zuschauer ist, nicht Akteur. Davon ausgenommen sind natürlich zukunftsbezogene Träume, in denen der Träumende etwas gezeigt bekommt, was noch gar nicht passiert ist. In einem solchen Fall kann der Träumende so aussehen, wie er beim Zubettgehen aussah. Reinkarnationsträume spielen jedoch immer in der Vergangenheit, und aus diesem Grund sieht der Träumende nie so aus wie in seinem gegenwärtigen Leben.

Für konventionelle Psychiater enthalten solche Träume nicht die geringsten Hinweise auf ein früheres Leben des Träumenden, für sie handelt es sich dabei ausschließlich um Phantasien, Wunschträume und eine romantische Verklärung von Alltäglichem, alles in allem also um einen Ausfluß der Persönlichkeit des Träumenden. Reinkarnation existiert für sie offiziell gar nicht. Es dürfte jedoch schwer sein, anhand dieser Kriterien die Zahl der überprüften Reinkarnationsträume zu erklären. Erinnert sich der Träumende nach dem Aufwachen an einen Traum, in dem er sich selber als eine andere Person in einem anderen Zeitalter sah, erinnert er sich an Namen, Daten und Situationen aus der Vergangenheit, die ihm in seinem gegenwärtigen Leben fremd sind und denen er nicht einmal nachgehen kann, erweist sich dieses Material später als authentisch und stellt es sich heraus, daß die Person, die der Träumende sah, tatsächlich gelebt hat, dann ist es wahrhaftig sehr schwer, all dies als Marotte der *jetzt lebenden* Person abzutun.

Manche Leute haben zu verschiedenen Zeiten in ihrem Leben Erinnerungen an eine frühere Existenz, bei den meisten von uns kommt das jedoch überhaupt nicht vor. Im Verlauf meiner Studien bin ich zu der Überzeugung gekommen, daß der Mensch dann, wenn ein früheres Leben vorzeitig zu Ende ging oder tragisch verlief, diese Erinnerung als eine Art Bonus erhält, den er in seiner jetzigen Existenz nutzen kann. Leute, deren früheres Leben völlig normal verlief, haben in ihrem jetzigen Leben keine

Erinnerung daran, weder in Träumen noch in »Rückblenden« oder Déjà-vu-Erlebnissen, einem Phänomen, das manchmal mit Erinnerungen an eine frühere Existenz in Verbindung gebracht wird. Die meisten Déjà-vu-Erlebnisse sind schlicht präkognitive Erfahrungen, die man erst dann als solche erkennt und an die man sich erst dann erinnert, wenn sie objektive Realität werden. Einige, besonders solche, die komplizierter sind und präzise sowie detaillierte Angaben über Orte und Situationen enthalten, mit denen der Beschauer nicht vertraut ist, gehen aber auch auf Erinnerungen an ein früheres Leben zurück. Eigentlich passen Déjà-vu-Erlebnisse, die man ja stets in wachem Zustand hat, gar nicht in den Rahmen dieses Buches, dennoch besteht eine Gemeinsamkeit zwischen ihnen und Reinkarnationsträumen, denn auch sie enthüllen dem Individuum verschüttetes Material aus seiner Vergangenheit.

Bei der Flut von interessanten Träumen, die Menschen auf der ganzen Welt haben, müssen wir uns vor zu großem Enthusiasmus hüten, was Reinkarnationsmaterial anbetrifft. Ich werde mich in diesem Kapitel nur mit wiederkehrenden Träumen beschäftigen, also solchen, die ein Mensch mehrmals hintereinander hat und die im großen und ganzen aus dem gleichen Material bestehen. Ich habe festgestellt, daß sich das Reinkarnationsmaterial dem Unbewußten des Schlafenden aufdrängt; vielleicht will es deshalb angenommen werden, damit die Erkenntnisse eines früheren Lebens im jetzigen verwertet werden können. Zusammen mit den »Rückblenden« bilden wiederkehrende Träume den Großteil des Materials, auf den sich die Hypnose praktisch anwenden läßt. Mit Hilfe einer Methode, die sich »hypnotische Regression« nennt, wird der einzelne zunächst in seine Kindheit zurückgeführt, dann schrittweise zum Augenblick seiner Geburt und anschließend in ein mögliches früheres Leben. Das geschieht stufenweise, und der Erfolg hängt davon ab, wie gut jemand auf Hypnose reagiert. Hat die Methode Erfolg, fördert sie Erinnerungen zutage und schafft so die Grundlage dafür, daß der Hypnotisierte seine früheren Erlebnisse ungehemmt erzählt und die Umstände seiner früheren Existenz detaillierter beschreibt, als ihm dies aufgrund widerkehrender Träume möglich ist. Während der Hypnotherapeut Einzelheiten an die Oberfläche holt, die sich anhand von Urkunden auf ihren Wahrheitsgehalt prüfen lassen, kann er gleichzeitig auch unangenehme Erinnerungen aus einem früheren Leben auslöschen.

Ich habe schon oft derartige Regressionen mit dafür geeigneten Personen durchgeführt, aber noch nie mit jemandem, der dadurch lediglich herausfinden wollte, wer er in einer füheren Existenz gewesen sein könnte. Ich bin nicht nur überzeugt davon, daß solche Versuche scheitern *müssen* und keinerlei Informationen erbringen würden, ich halte sie auch für unmoralisch, denn meiner Meinung nach erinnern sich nur die Menschen an ein früheres Leben, die sich daran erinnern *sollen.* Zerren wir verschüttetes Material mit Gewalt ans Tageslicht, so greifen wir dadurch möglicherwiese in das Karma des Betreffenden ein. In einem meiner Bücher mit dem Titel *Born Again* berichtete ich von einigen ungewöhnlichen Träumen, die sich als authentisches Material aus einem früheren Leben der Träumenden erwiesen. Seitdem sind mir neue Fälle zur Kenntnis gelangt, die beweisen, daß Reinkarnationsträume gar nicht so selten sind.

Wo zieht man denn nun die Grenze zwischen phantastischen Träumen und echtem Reinkarnationsmaterial? Wie bei allen Träumen, so müssen wir auch hier etliches berücksichtigen: das Umfeld des einzelnen, seine Bildung, seine Fähigkeit, sich mit dem Inhalt seiner Träume zu identifizieren, sowie andere persönliche Faktoren, die von Individuum zu Individuum variieren. Träumt beispielsweise jemand, der sich für Ägyptologie interessiert, von einem Leben im alten Ägypten, dann müssen wir uns solchen Träumen mit sehr viel Vorsicht nähern: Geht das Traummaterial auf Kenntnisse des Träumenden zurück, die vom Unbewußten geschickt hochstilisiert werden, oder handelt es sich um Reinkarnation? Sind Erinnerungen an ein Leben im alten Ägypten *der Grund dafür,* daß sich der Träumende in seinem jetzigen Leben intensiv mit dieser Zeit befaßt?

Wichtig ist es herauszufinden, was zuerst da war, der Traum oder das Interesse an diesem Stoff. Wer den Wahrheitsgehalt von Reinkarnationsträumen beurteilt, ohne daß er den Träumenden und sein Umfeld näher kennt oder zumindest eine detaillierte Darstellung der Träume gelesen hat, wird zu keinem objektiven Schluß über die Authentizität solchen Materials kommen.

Nicht Ansichten zählen, sondern Fakten!

Karen G. ist Mitte 20 und ist als Angehörige der US-Luftwaffe in einem fremden Land stationiert. Sie hat bereits drei wiederkehrende Träume gehabt, die sie in lebhafter, unangenehmer Erinnerung hat. Da ihr Mann solches Material nicht ernst nimmt, setzte sie sich mit mir in Verbindung. Als sie 21 war, träumte sie mindestens dreimal von einer Frau in einem langen, dunklen Kleid und einer weißen Schürze — einer schönen Frau mit langen schwarzen Haaren und grünen Augen. Eine haßerfüllte Menge band sie an einen Baum und rief fortgesetzt: »Verbrennt sie, verbrennt die Hexe!« Dann schichtete man Reisig um ihre Füße auf. Sie schrie, sie sei gar keine Hexe, und wenn sie eine wäre, dann würde man sie gar nicht verbrennen können. »Bei diesen Worten erkannte ich plötzlich zu meinem Entsetzen, daß ich diese Frau war. Ich beobachtete das Geschehen in aller Deutlichkeit und wußte irgendwie, daß ich sie war«, schrieb mir Mrs. G.

Die Frau in Mrs. G.'s Traum versuchte den Leuten zu erklären, daß sie einfach nur mehr wisse. Niemand wollte jedoch auf sie hören, und sie bezeichnete sie deshalb alle als Narren. Dann zündeten die Menschen das Reisig an. Das war entsetzlich für die Träumende, denn sie wußte, daß sie unschuldig war, daß sie dies den Leuten aber nicht klarmachen konnte. »Ich *spürte* die Glut, und ich fühlte die Pein, die die Frau litt, weil man ihr Unrecht tat, weil man das aber erst später einmal erkennen würde.«

Mrs. G. erfuhr zwar keine Einzelheiten, aus irgendeinem Grund bringt sie jedoch stets die Namen Elizabeth und Suzanne mit diesem Traum in Verbindung, den sie nicht vergessen kann.

Auch im Mittelpunkt des zweiten Traums stand eine Frau, die ein langes Kleid trug. Sie war jedoch mit der ersten nicht identisch. Irgendwie war sich Mrs. G. sicher, der Traum spiele in Frankreich. Die Frau war auf einem Fest in einem großen Herrenhaus, und die Träumende wußte, daß sie entweder die Ehefrau oder die Geliebte des Eigentümers war. Man veranstaltete ein Spiel, bei dem eine Person den Raum verlassen mußte, während sich die anderen versteckten. Bevor der Hinausgeschickte wieder hereinkommen durfte, wurden ihm die Augen verbunden. Die Reihe war nun am Eigentümer des Herrensitzes, und er mußte die Frau suchen. Als er sich durch das Zimmer tastete, verstellten die anderen die Möbel, um ihn zu verwirren. Anfangs fand er das ganz lustig, doch dann wurde er wütend, und die Frau bekam es mit der Angst zu tun. »Plötzlich wußte ich, daß ich diese Frau war. Ich lief weg und versteckte mich in einer Kammer. Die nächste Szene spielte in einer kleinen Stadt. Die Frau stritt sich mit einem Mann, und der sagte, er würde ihr ihr gemeinsames Baby wegnehmen, wenn sie weiterhin irgend etwas tue. Sie wurde daraufhin hysterisch und drohte, sich umzubringen. Danach spielte der Traum wieder in dem Herrenhaus. Die Frau flehte diesen Mann weinend an, dann riß sie die Balkontür auf, rannte hinaus und sprang in die Tiefe.« Das war das Ende des Traums.

Zum ersten Mal hatte Mrs. G. diesen Traum, als sie 21 war, zum zweiten Mal etwa ein Jahr später, und da hatte sie plötzlich das Gefühl, der Mann sei nun ihr Chef.

(Es ist nichts Ungewöhnliches, daß Leute mit Reinkarnationsträumen das Gefühl haben, auch gewisse andere Menschen hätten bereits zu der Zeit gelebt, in der der Traum spielt. Für gewöhnlich nehmen Leute, die der Träumende in einer vergangenen Existenz gekannt hat, jetzt eine andere Position ein, und sie sind sich normalerweise der Verbindung nicht bewußt. Der Beweis dafür ist natürlich schwierig, es sei denn, auch diese Leute hätten wiederkehrende Träume oder wüßten sonst irgendwie, daß sie in einem früheren Leben bereits mit dieser Person in Berührung gekommen seien.)

Der dritte Traum, den Mrs. G. in unangenehmer Erinnerung hat, war ziemlich kurz. Sie sah eine Frau mit einem Kind und einen Vulkan, aus dem Lava auf die beiden zufloß. Die Frau hatte nur den einen Gedanken, das Kind in Sicherheit zu bringen; sie packte es, rannte so schnell sie konnte auf einem Pfad bergauf und kam schließlich in einen Ort, der wie ein in einen Berg hineingebautes Dorf aussah. »Ich erinnere mich, daß ich richtig erleichtert war, als die beiden den Ort erreichten und von dort aus den Lavafluß beobachteten. Im letzten Teil des Traums war ein Donnern zu hören und alle Häuser begannen zu zittern.«

Das Interessante an diesen drei Träumen ist, daß sie etwas gemeinsam haben (allerdings nur dann, wenn die Frau auch in diesem Traum umkommt). Im ersten endete Mrs. G. als Hexe auf dem Scheiterhaufen, im zweiten springt sie in den Tod und im dritten fällt sie einer Naturkatastrophe zum Opfer — alle drei Leben enden also gewaltsam.

Mrs. Shirley F. aus Denver, Colorado, hat in den vergangenen 25 Jahren eine ganze Reihe von wiederkehrenden Träumen gehabt. Sie sieht ein großes Schloß, immer dasselbe, jedesmal jedoch ein anderes Zimmer. Sie kann nicht erkennen, wo das Schloß genau liegt, sie weiß nur, daß es auf einem zerklüfteten Felsen über dem Meer steht. In ihren Träumen schlendert Mrs. F. langsam durch das Gebäude, manchmal sucht sie jemanden, immer jedoch hat sie das Gefühl, zu Hause zu sein.

Träume von einem eigenen Schloß sind auf den ersten Blick natürlich nur Ausdruck eines romantischen Wunsches, besonders dann, wenn der Träumende in bescheidenen Verhältnissen lebt. Das muß aber nicht unbedingt so sein: verhältnismäßig viele Europäer lebten in irgendwelchen Herrenhäusern oder Schlössern, wenn auch nicht unbedingt als Eigentümer, und bei wiederkehrenden Träumen von einem eigenen Schloß, die sich auf das Mittelalter oder auf eine Zeit vor, sagen wir, 1800 beziehen, kann es sich ohne weiteres um Reinkarnationsmaterial handeln. Leider läßt sich mit so wenigen Fakten nicht stichhaltig beweisen, daß jemand in einem früheren Leben tatsächlich in einem solchen Schloß gelebt hat.

Chris Roberts, der inzwischen Mitte 30 ist, bereitete sich auf sein Abschlußexamen in Sozialkunde vor, als er sich 1970 mit mir in Verbindung setzte. Aufgrund zahlreicher Erlebnisse ist er zu der Überzeugung gekommen, schon einmal gelebt zu haben, vielleicht sogar schon öfter. Ein Traum ist besonders interessant. Als er in einem privaten, gemeinnützigen Resozialisierungszentrum arbeitete, machte er die Bekanntschaft einer jungen Frau namens Josephine F. Beide hatten von allem Anfang an das Gefühl, sich schon zu kennen, was aber gar nicht sein konnte. Im Laufe der Zeit wurde ihnen klar, daß sie schon irgendwann einmal in Japan zusammengelebt hatten, möglicherweise als Mann und Frau. Miss F. ist zwar italienischer Abstammung, für Mr. Roberts schaut sie aber erstaunlich asiatisch aus, und auch seine täglichen Lebensgewohnheiten sind irgendwie asiatisch.

Eines Nachts hatten sie, obwohl sie meilenweit voneinander entfernt waren, gleichzeitig einen identischen Traum, den sie sich am folgenden Vormittag erzählten. Miss F. machte den Anfang, Mr. Roberts führte ihn zu Ende. Sie träumten von einer Naturkatastrophe aus längst vergangener Zeit, in deren Verlauf sie beide ins aufgewühlte Meer geschleudert wurden. Zusammen mit anderen Überlebenden versuchten sie verzweifelt, sich über Wasser zu halten, doch dann gelang es ihnen irgendwie, in ein schwimmendes Haus zu kriechen. Vom Fenster dieses Hauses aus beobachteten sie eine große Welle, die schließlich über sie hinwegging und sie beide in die Tiefe riß.

Nicht alle Reinkarnationsträume sind streng in einen Anfangsteil, einen Mittelteil und einen Schlußteil gegliedert. Manchmal bleibt das Ende offen, und gelegentlich vermischt sich auch gegenwartsbezogenes symbolisches Traummaterial mit Reinkarnationsträumen, wodurch die Sache natürlich nicht einfacher wird. Derartiges Material ist besonders schwer zu deuten.

Claudia L. ist Ende 20 und lebt in Michigan. Zwischen ihrem fünften und ihrem dreizehnten Lebensjahr hatte sie einen wiederkehrenden Traum, in dem sie immer ein etwa 5jähriges Mädchen war. Sie ging zusammen mit ihrer Mutter und einer weiteren Frau in ein hohes Gebäude, das ihr wie ein Wolkenkratzer vorkam. Die beiden Frauen hatten eine geschäftliche Besprechung und ließen sie deshalb allein. Sie wanderte durch die große, gewölbte Empfangshalle, in der es bunte Schaufenster, Blumen und die verschiedensten Leute zu sehen gab. Außerdem entdeckte sie einige Bodenvasen, die fast so groß waren wie sie selbst. Auf einmal stellte sie fest, daß das Gebäude menschenleer war, und sie hatte das Gefühl, nach Geschäftsschluß eingeschlossen worden zu sein. Als sie Schritte hörte, dachte sie, es sei der Nachtwächter, der nachschauen wolle, was sie noch in der Halle tue. Der Mann trug jedoch eine Rüstung. Als er drohend auf sie zukam, lief sie weg, weil sie Angst hatte, er werde sie mit seiner Lanze erstechen. Schließlich versteckte sie sich in einer der großen Bodenvasen. In dem Moment, in dem der Mann an ihrem Versteck vorbeikam, war der Traum abrupt zu Ende.

Miss L. weiß nicht, ob sie entdeckt wurde oder ob sie ihrem Verfolger entkam. Nach dem Aufwachen hatte sie jedoch immer das Gefühl, etwas nicht zu Ende geführt oder jemanden zurückgelassen zu haben. Da es ihr absurd und lächerlich vorkam, von einem Nachtwächter in Ritterrüstung in einem modernen Gebäude verfolgt zu werden, getraute sie sich nicht, jemanden von dem Traum zu erzählen. Warum kam er jedoch immer wieder, und warum beunruhigte sie sein Inhalt so sehr? Handelte es sich bei dem hohen Gebäude oder vielleicht auch bei der Rüstung des Nachtwächters möglicherweise um eine Einblendung aus einem anderen Traumtyp?

Es kommt nur verhältnismäßig selten vor, daß mehrere Menschen den gleichen Traum haben.

Richard U. aus dem Staat New York träumte 1970 von einer merkwürdigen Szene. Er saß auf einem Pferd und wartete an einem Strand auf ein Schiff. Bei ihm waren noch mehrere andere Männer, die, so wurde ihm später klar, wie Kreuzfahrer gekleidet waren. Das Wasser kam ihm sehr blau und kristallklar vor. Als er am folgenden Tag diesen Traum zwei guten Freunden erzählte, erfuhr er, daß beide geträumt hatten, in einem langen fließenden Gewand an Bord eines alten Schiffs zu sein, das eine Insel ansteuerte. Auch sie waren von dem kristallklaren Wasser beeindruckt gewesen. Hatten die drei dieselbe Szene aus verschiedener Sicht gesehen, weil sie in einem früheren Leben alle eine Rolle darin gespielt hatten?

Mrs. Georgia G. aus Iowa hat schon seit langem das Gefühl, bereits einmal im Alten Westen gelebt zu haben. Sie ist Anfang 30, zum zweiten Mal verheiratet und hat zwei Kinder. Ihre Vorfahren kamen aus England und Deutschland, wie das bei vielen Leuten in ihrem Teil des Mittleren Westens der Fall ist.

Den ersten Traum, der sie an eine frühere Existenz glauben ließ, hatte sie ziemlich überrascht. Er spielte an einem herrlichen Sommertag, und es war entweder Mittag oder früher Nachmittag, da die Sonne noch sehr hoch stand. Sie sah einen Marktplatz, der an einer Seite von einer hohen, langen Steinmauer begrenzt wurde. In der Platzmitte, die im Schatten lag, standen zwei Padres und schauten auf eine junge Frau hinunter, die vor ihnen kniete. Georgia konnte ihre Gesichter nicht erkennen, die Frau, die ein graubraunes langes Kleid anhatte, war aber etwa 30 Jahre alt. Sie flehte in Englisch: »Ich bitte euch, habt Erbarmen mit mir!« Die beiden Padres zeigten jedoch keinerlei Gemütsregung. Plötzlich wußte Georgia, daß sie diese Frau war! Sie schaute auf die Leute, die im Hintergrund an der Mauer standen, erkannte jedoch, daß diese mit der ganzen Angelegenheit nichts zu tun haben wollten.

Mrs. G. hatte diesen Traum zwar nur einmal, er war jedoch so klar und intensiv, daß sie ihn bis heute nicht vergessen hat. Als sie noch ein Kind war, konnten sie ihre Eltern kaum dazu bewegen, in die Sonntagsschule zu gehen. Sie stellte sich häufig krank, nur um schwänzen zu können, und sie geht auch heute noch nicht in die Kirche. Hatte sie in einem früheren Leben für ihre medialen Fähigkeiten büßen müssen? Nach ihrer Beschreibung könnte der Traum im 18. oder frühen 19. Jahrhundert gespielt haben, und bei den beiden Padres könnte es sich um Priester im damals spanischen Teil Nordamerikas gehandelt haben. Leider läßt sich dem Traum nicht mehr entnehmen, für Mrs. G. ist er aber so etwas wie ein Pfad, der zu einem früheren Leben führt.

Wir wissen von vielen Träumen, die von früheren Inkarnationen handeln, Träume aus der »Übergangsperiode« oder über den Augenblick der »Wiedergeburt« sind dagegen sehr selten. Der

Grund mag darin liegen, daß man sich nach den Gesetzen des Karmas an diesen Teil der Erfahrung nicht erinnern soll. In meinem Buch *Born Again* habe ich über einige Fälle berichtet, in denen beschrieben ist, wie die Erinnerung an ein gerade abgeschlossenes Leben erlischt und man sich auf ein neues vorbereitet. Darin ist von einem »Born des Vergessens« die Rede, dessen Wasser dieses Wunder vollbringt.

Mrs. P. L. ist geschieden, Mitte 50 und lebt im Süden der Vereinigten Staaten. Sie studierte unter anderem drei Semester Medizin und unterrichtete auch schon an einer Sekretärinnenschule. Mrs. L. träumt in Farbe sowie in Französisch und Hebräisch, Sprachen, die sie weder spricht noch versteht. Den Traum, der mich am meisten interessierte, hatte sie 1938.

Sie träumte, sie gehe auf einen runden Platz, in dessen Mitte ein Springbrunnen plätscherte. Auf diesem Platz standen kleine, durch Vorhänge abgeteilte Kabinen. Man sagte ihr, sie solle in eine hineingehen, dort »werde ihr die Wahrheit zuteil«. In der Kabine war eine Wasserpfeife, die sie so lange rauchte, bis sie das Bewußtsein verlor. Am Morgen nach dem Aufwachen war sie noch mehr als eine Stunde benommen, was ihr noch nie passiert war. Hatte sie einen Blick auf die »Maschine« geworfen, die die maßgeblichen Stellen einsetzen, damit die Menschen ihre Erfahrungen aus dem früheren Leben vergessen und so richtig auf das nächste vorbereitet sind?

Es gibt viele Möglichkeiten, sein Traumerinnerungsvermögen nach dem Aufwachen zu schärfen. Echte parapsychische Träume erfordern jedoch kaum derartige Maßnahmen, da man sie in der Regel nicht so schnell vergißt. Trotzdem gibt es natürlich Leute, die sich aus irgendwelchen Gründen nur lückenhaft an ungewöhnliche Träume erinnern können. Für sie mögen die im übernächsten Kapitel aufgeführten Techniken von Nutzen sein.

Ebenso, wie »Rückblenden« dadurch ausgelöst werden können, daß man durch einen Ort geht, in dem man schon einmal gelebt hat, oder jemanden trifft, bei dem man instinktiv das Gefühl hat, ihn schon früher einmal gekannt zu haben, so können auch Reinkarnationsträume durch reale Ereignisse vor dem

Schlafengehen induziert werden.

Geht beispielsweise jemand durch eine Stadt, die er bewußt nicht kennt, und hat in der Nacht einen Reinkarnationstraum, in dem er sich in derselben Stadt sieht, jedoch in einer längst vergangenen Zeit, so wurde der Traum dadurch ausgelöst, daß der Träumende real durch die Stadt gegangen war, obwohl er in wachem Zustand keinen Eindruck von einer früheren Existenz erhalten hatte.

Diese Erlebnisse sind von Mensch zu Mensch verschieden und hängen sehr stark von der Veranlagung des einzelnen ab. Bei einigen kommt das Reinkarnationsmaterial leichter an die Oberfläche als bei anderen, und es ist durchaus vorstellbar, daß derartiges Material jahrelang ruht und erst aufgrund eines Anstoßes von außen an die Oberfläche kommt oder im Traum aufscheint. Ging eine frühere Existenz vorzeitig zu Ende, und soll der Träumende eine detaillierte Botschaft erhalten, damit er besser mit seiner jetzigen Existenz fertig wird, so ist der Reinkarnationstraum länger und ausführlicher als die so häufigen plötzlichen »Rückblenden«.

Wenn ich sagte, wiederkehrende Träume seien Anzeichen für Erinnerungen an ein früheres Leben, so wollte ich damit nicht die einmaligen Träume ausschließen. Auch bei ihnen kann es sich um Reinkarnationsträume handeln, nach meiner Erfahrung kommt jedoch in den meisten Fällen früher oder später zusätzliches Material an die Oberfläche. Neben wiederkehrenden oder parallelen Träumen kann es auch solche geben, die miteinander in Zusammenhang stehen, oder Teilträume, die jemand verschiedentlich in seinem jetzigen Leben hat. Ein Großteil des Reinkarnationsmaterials äußert sich in intuitiven Gefühlen oder einer seltsamen Faszination, die Orte oder Menschen auf einen ausüben. Diese Phänomene sind schwer in Worte zu fassen oder rational zu erklären, sie entstammen aber den gleichen Quellen wie die konkreten Träume. Ich bin überzeugt davon, daß sich frühere Existenzen in die Psyche eines jeden einzelnen einprägen und auch dann noch vorhanden sind, wenn sie später von Bewußtseinsschichten überlagert werden. Eine sogenannte »alte Seele« besteht also aus einer erheblichen Zahl von Bewußtseinsschichten. Von Zeit zu Zeit dringen Erfahrungsschichten hervor und wirken in die gegenwärtige Existenz hinein; sie vermitteln Einsichten oder Gefühle, die der Betreffende unter seinen gegenwärtigen Umständen gar nicht haben kann. Sie sind also immer die Summe aller vorausgegangenen Leben, selbst wenn wir uns ihrer nicht bewußt erinnern.

Schließlich gibt es noch eine Kategorie von Reinkarnationsträumen, die ich als *Angstträume* bezeichnen möchte. Sie handeln von der *Art und Weise,* in der jemand in einer früheren Existenz ums Leben kam. Sie werfen deshalb gleichsam einen Schatten über die gegenwärtige Existenz. Manchmal schwindet die Angst ganz plötzlich und die Träume kommen nicht mehr wieder, wenn der Träumende ein bestimmtes Alter erreicht. In anderen Fällen stellen derartige Träume jedoch ein echtes Problem dar und können sogar zu psychischen Störungen oder Anpassungsschwierigkeiten an die Umwelt führen. Hier ist Hypnotherapie angezeigt. Ich habe schon oft mit solchen Leuten hypnotische Regressionen durchgeführt, natürlich mit Zustimmung des behandelnden Arztes, wenn ich der Meinung war, dabei den Angstträumen ein Ende setzen zu können. Selbstverständlich gehen alle Erinnerungen an frühere Existenzen auf ein vorzeitiges Lebensende zurück, bei Angstträumen ist die Todesart jedoch besonders gewaltsam und sie bleibt deshalb besonders lebhaft im Gedächtnis, deutlicher als der übrige Traum. Das kann sogar so weit gehen, daß uns die Erinnerungen in unserem gegenwärtigen Leben verfolgen, wenn ähnliche Begleitumstände auftreten.

Mrs. Margaret K. wurde in Mississippi geboren, lebt jetzt aber in Kentucky. Sie ist Anfang 40, verheiratet und hat drei Kinder. Der Anlaß dafür, daß sie sich mit mir in Verbindung setzte, war mein Buch *Born Again.* Es gab ihr den Mut, mir von einigen erstaunlichen Erlebnissen aus ihrem Leben zu berichten. »*Born Again* ist das interessanteste Buch, das ich je über Reinkarnation gelesen habe; noch nie war es mir ein derartiges Bedürfnis, einem Autor zu schreiben«, so lautete der Anfang ihres Briefs.

Mrs. K. hat schon in den verschiedensten Berufen gearbeitet, sie war bereits Sekretärin, Buchhalterin, Verkäuferin und Bedienung. Von ihrem sechsten oder siebten Lebensjahr an hatte sie bis weit ins Teenageralter hinein einen wiederkehrenden Traum, in dem Flammen von allen Seiten auf sie zukamen. Als sie einen engen Kreis um sie bildeten, blieben sie jedoch stehen. Als nächstes sah sie sich im Meer schwimmen, und die Flammen kamen von der Küste aus auf sie zu. Doch auch hier blieben sie kurz vor ihr stehen. Mrs. K. wachte aus diesen Träumen immer vollkommen verwirrt auf.

Sie gehört zu den wenigen, die Reinkarnationsträume haben, gleichzeitig aber auch der außersinnlichen Wahrnehmung fähig sind. In den letzten Jahren hat sie einen wiederkehrenden Traum, der von einem Seemann handelt. Sie glaubt, seine Frau oder Freundin zu sein, aus irgendeinem Grund sind sie aber immer getrennt. Nach dem Aufwachen kommt sie sich stets verloren vor und ist von Kummer erfüllt. Den ganzen Tag muß sie an den Mann denken, obwohl sie gar nicht weiß, wer er ist.

Es ist nicht auszuschließen, daß zwischen den beiden Träumen eine Verbindung besteht. Auf jeden Fall hat Mrs. K. schon ihr ganzes Leben lang eine panische Angst vor Feuer. Bisher ist ihr zwar noch nichts passiert, sie ist aber überzeugt davon, daß ihre Angst auf eine frühere Existenz zurückgeht und daß ihr Kindheitstraum eine tödliche Gefahr in Zusammenhang mit Feuer signalisierte.

Jo Anne M., die in Ohio lebt, war noch nie an Okkultem oder an Reinkarnation im besonderen interessiert. Zwei wiederkehrende Träume, die sie zum ersten Mal in ihrer Kindheit und in ihrer Jugend hatte, sind jedoch der Grund dafür, daß sie sich noch heute davor fürchtet, nachts allein in einem einstöckigen Haus zu sein. Außerdem hat sie eine tiefsitzende Angst vor Messern.

Den einen Traum hatte sie zum ersten Mal, als sie ungefähr acht war. Sie fährt darin auf einem altmodischen Fahrrad, das um die Jahrhundertwende oder kurz danach modern war, in einem Park einen Hügel hinunter. Unten fließt ein Fluß, und eine Brücke führt hinüber zu einem anderen Hügel. Sie überquert den Fluß und kommt oben auf dem zweiten Hügel zu einem im viktorianischen Stil erbauten einstöckigen Haus mit vielen Türmchen, Veranden und Giebeln. Sie steigt vom Fahrrad, lehnt es an eine Wand und betritt das Haus. An dieser Stelle des Traums wacht Mrs. M. stets mit der Gewißheit auf, sich in diesem Haus sehr gefürchtet zu haben.

Da sie den Traum vor allem dann hat, wenn sie krank ist, besteht möglicherweise ein Zusammenhang zwischen dem Hausinnern und einer Krankheit.

Den anderen Traum hatte Mrs. M. zum ersten Mal in ihren frühen Teenagerjahren. Sie teilte sich damals mit ihrer Schwester ein großes Schlafzimmer im Dachgeschoß eines Bungalows. An der Stirnseite standen die beiden Betten, auf der gegenüberliegenden Seite führte eine Wendeltreppe hinunter ins Erdgeschoß. Mrs. M. träumte wiederholt, eine alte Frau komme mit einem großen Messer in der Hand die Treppe hoch, um sie zu erstechen. Sie schreckte entsetzt aus dem Schlaf auf und lag oft stundenlang wach, weil sie sicher war, die Frau werde kommen. »Ich hatte den Traum immer wieder und wachte jedesmal schweißgebadet auf. Ich behielt das alles jedoch für mich, weil ich Angst hatte, man würde mich für verrückt halten«, erklärte mir Mrs. M. Seit ihrer Collegezeit hat sie diesen Traum jedoch nicht mehr gehabt.

Sie bekommt es aber auch noch heute mit der Angst zu tun, wenn jemand ein Messer in der Hand hat, selbst ein kleines Schälmesser. Außerdem fürchtet sie sich davor, allein in ihrem im ersten Stock gelegenen Schlafzimmer zu sein, wenn ihr Mann einmal verreist ist. Sie dreht dann alle Lichter an, nimmt ihren Hund zu sich und schläft oft erst in den frühen Morgenstunden ein.

June Weidemann, eine Krankenschwester, interessiert sich schon seit langem für Parapsychologie. Das ist in ihrem Fall nicht überraschend, denn sie hat in ihrem Leben bereits eine Reihe ungewöhnliche Erlebnisse gehabt. Auch sie gehört zu den wenigen, die nicht nur Reinkarnationsträume haben, sondern auch der ASW fähig sind.

Als June sieben Jahre alt war, schien sie plötzlich »aufzuwachen« und sie hatte das bestimmte Gefühl, an einem fremden Ort bei fremden Leuten zu sein. Etwa sechs Monate lang war sie überzeugt, ihre Eltern seien gar nicht ihre Eltern, weil ihr deren *runde* Augen komisch vorkamen. Schließlich wurde es ihrer Mutter zu bunt, und sie zeigte ihr Zeitungsausschnitte mit der Geburtsanzeige sowie die Geburtsurkunde, um ihr zu beweisen, daß sie sehr wohl ihre Tochter sei!

June war überzeugt. Etwa zu dieser Zeit hatte sie zum ersten Mal einen wiederkehrenden Traum von einem Wohnraum in einem Haus in China. Der Fußboden und die Wände bestehen aus großen flachen Steinen. In der Mitte wächst ein Baum, der manchmal wunderschöne Blüten hat, der manchmal aber auch kahl und von einer dünnen Schneeschicht bedeckt ist. Außer June scheint sich niemand in der Wohnung aufzuhalten. Sie nimmt einen eigenartigen Duft wahr, bei dem ihr immer der Begriff »Bonsai« in den Sinn kommt, damals, als sie diesen Traum erstmals hatte, wußte sie aber noch gar nicht, was Bonsaibäume sind. Der Traum wirkt auf Mrs. Weidemann irgendwie beruhigend, und sie hat sich in diesem Leben immer mehr mit allem Asiatischen angefreundet.

Zwei weitere wiederkehrende Träume beunruhigen sie dagegen einigermaßen. In einem ist sie ein junger Mann in Lederhosen, der auf der obersten Sprosse einer primitiven Leiter steht, die an einer hohen Mauer lehnt. Es ist Nacht. Plötzlich gibt der Boden nach, und sie fällt mitsamt der Leiter langsam nach hinten. An dieser Stelle schreckt sie für gewöhnlich aus dem Traum auf, manchmal träumt sie aber auch noch weiter und denkt kurz vor dem Aufprall auf die Erde: »O nein, nicht schon wieder!« Es ist zwar immer dunkle Nacht, trotzdem muß der Mond scheinen oder eine andere Lichtquelle vorhanden sein, denn sie sieht sich fallen und dann auch unter der Leiter liegen.

Im zweiten Traum erblickt sie in einiger Entfernung ein Haus und beginnt zu laufen, weil sie froh ist, endlich daheim zu sein. Sie sieht sich zum Eingang gehen und sie bemerkt die langen Glasfenster zu beiden Seiten der Tür. Sie geht hinein, aber das Haus ist leer. Sie geht dann von einer Diele aus zwei Stufen hinunter und kommt in einen langen Raum, der rechts ein Erkerfenster hat. Außerdem sieht sie eine ziemlich wacklige Treppe. Gelegentlich sind in diesem Raum antike Möbel, meistens liegt jedoch nur ein abgenutzter Teppich auf dem Boden. Hier endet der Traum. Mrs. Weidemann ist in ihrem gegenwärtigen Leben noch nie in einem solchen Haus gewesen. Der Traum beunruhigt sie jedoch nicht so sehr wie derjenige, in dem sie von der Leiter fällt. Da sie aber auf dem Gebiet der Parapsychologie äußerst belesen ist, weiß sie durchaus, mit ihren Reinkarnationsträumen fertig zu werden.

X.
Außerkörperliche Erlebnisse

Bis vor ein paar Jahren sprach man von einer astralen Projektion, wenn sich jemand irgendwo ohne seinen körperlichen Leib befand, heute dagegen benutzt man den Ausdruck außerkörperliches Erlebnis. Das klassische Werk, das sich mit diesem sehr häufigen Phänomen beschäftigt, ist noch immer das von Sylvan Muldoon in Zusammenarbeit mit dem Forscher Dr. Hereward Carrington veröffentlichte Buch über Astralreisen. Vor noch nicht allzulanger Zeit hat Robert Monroe, ein Elektroingenieur und ein renommierter Naturwissenschaftler, seine eigenen erstaunlichen Erfahrungen auf diesem Gebiet in einem Buch mit dem Titel *Journeys out of the Body* zusammengefaßt, das ebenfalls sehr zu empfehlen ist. In *ESP and You*, einem meiner früheren Werke, bezeichnete ich derartige Erlebnisse etwas salopp als »Reisen ohne Körper«, womit ich sagen wollte, daß der bewußte Teil des Ich die körperliche Hülle verläßt und reist, beobachtet und sich erinnert. Bei Astralreisen kommt es also zu einem Austritt des inneren Körpers oder ätherischen Ich aus dem physischen Leib. Die meisten dieser Reisen finden nachts statt und sind Teil des Traumerlebnisses. Der Schlafende legt verschieden lange Strecken zurück, manchmal nur bis zur Decke seines Zimmers, manchmal bis an die andere Seite des Kontinents, bleibt aber mit seinem physischen Ich durch eine silberne Schnur verbunden, auch wenn er diese nicht immer sehen kann.

Gelegentlich handelt es sich bei außerkörperlichen Projektionen um eine bewußt herbeigeführte Aussendung des inneren Ich an einen vorbestimmten Ort und seine Rückholung zu Forschungs- oder Informationszwecken, in den meisten Fällen jedoch um eine spontane Abspaltung des inneren Ich mit anschließender Reise. An fast alle auf einer solchen Astralreise gemachten Beobachtungen und Erfahrungen erinnert man sich nach dem Aufwachen ebenso klar und deutlich wie bei echten parapsychischen Träumen.

Außerkörperliche Projektionen zählen deshalb zu den parapsychischen Träumen, weil sie mit diesen die wesentlichen Charakteristika gemeinsam haben: Der Träumende beobachtet Vorgänge oder Situationen, die ihm im Zustand des Bewußtseins unbekannt sind, er setzt sich über herkömmliche Zeit- und Raumvorstellungen hinweg, und er kann sich nach dem Erwachen mit beeindruckender Deutlichkeit an seine Erlebnisse erinnern. Außerkörperliche Erlebnisse sind das Gegenteil von prophetischen Träumen und mit Einschränkungen auch von ASW-Träumen: Bei diesen beiden Kategorien ist der Träumende lediglich Empfänger von äußerem Material, bei außerkörperlichen Erlebnissen dagegen verläßt er seinen physischen Körper, macht selbst Beobachtungen und erinnert sich nach seiner Rückkehr an das, was er gesehen oder erlebt hat. Eines unterscheidet außerkörperliche Erlebnisse jedoch von allen parapsychischen Träumen: Das innere Ich des Träumenden wird gelegentlich von Leuten bemerkt, die in der Regel hellwach sind.

Mir geht es in diesem Buch nicht um experimentell herbeigeführte außerkörperliche Erlebnisse, sie gehören in den Rahmen der Trance sowie anderer hypnotisch induzierter Bewußtseinsveränderungen. (Derartige Experimente sollten stets von erfahrenen Parapsychologen geleitet und überwacht werden. Sie sind keine Gesellschaftsspiele und bergen, wie andere Spaltungen innerhalb der Persönlichkeit, gewisse Risiken in sich, besonders dann, wenn der Betreffende physische oder psychische Probleme hat.)

Mir geht es in diesem Buch ausschließlich um spontane, unbeabsichtigte Astralreisen im Traumzustand, die der Träumende weder steuern noch kontrollieren kann. Wie ich bereits gesagt habe, sind derartige Reisen sehr häufig, sie werden aber oft mit Träumen verwechselt. Dr. Stanley Krippner hat durch seine REM-Experimente im Traumlaboratorium des Maimonides Hospital in Brooklyn, New York, bewiesen, daß während einer einzigen Schlafperiode eine Vielzahl von Träumen möglich ist.

Genauso kann es natürlich auch in einer einzigen Nacht zu mehr als einer Projektion kommen. Es ist unbestritten, daß sich manche außerkörperlichen Projektionen nur schwer von gewöhnlichen Träumen unterscheiden lassen, weil sich der Träumende seiner Reise gar nicht bewußt ist und sich einfach nur an den Inhalt des Traums erinnert, nicht aber an die Technik des Träumens. Auf der anderen Seite sind aber auch zahlreiche Träume bekannt, bei denen es sich aufgrund ganz bestimmter Charakteristika einwandfrei um außerkörperliche Erlebnisse handelt.

Hier sind die häufigsten physischen und emotionalen Begleiterscheinungen von Astralreisen.

1. Ein Gefühl extremer Müdigkeit nach dem Aufwachen, selbst wenn man wesentlich länger als normal geschlafen hat.

2. Am Ende jeder Astralreise das Gefühl, aus einer großen Höhe zu fallen, auf die Erde hinunterzusausen, oft mit der Angst verbunden abzustürzen. Das ist nichts anderes als die physische Reaktion darauf, daß sich die Vibrationen von der sehr schnellen Astralreise auf die viel langsamere Bewegung des körperlichen Leibs herabsetzen, wenn das innere Ich wieder in die physische Hülle eintritt, sich mit ihr verbindet und sich ihrer langsameren Vorwärtsgeschwindigkeit anpaßt.

3. Die lebhafte Erinnerung daran, offensichtlich feste Wände durchdrungen zu haben und von oben den eigenen Leib gesehen zu haben, vor allem am Anfang der Reise. Das Gefühl, vom Körper wegzuschweben, erst langsam zur Decke aufzusteigen, dann schneller zu werden und schließlich mit Lichtgeschwindigkeit über das Land zu sausen, ohne die Orientierung zu verlieren, und dabei manchmal ein ausgesprochenes Empfinden für Kälte, Feuchtigkeit und Hitze zu behalten. Die gelegentliche Beobachtung einer glänzenden Silberschnur, die man hinter sich herzieht und die sich bei der Rückkehr wieder aufrollt.

4. Am Ende der Reise oder am Ziel die Beobachtung von Menschen oder Szenen, für gewöhnlich ohne die Möglichkeit, gehört zu werden. Gelegentlich wird man jedoch gesehen.

5. Vollbesitz der geistigen Kräfte, d. h., wenn man vertraute Szenen sieht, bemerkt man sofort, was daran anders oder ungewöhnlich ist.

June Duke lebt in Bakersfield, Kalifornien. 1970 träumte sie, sie sei zu Hause im Schlafzimmer ihrer Eltern. Es war noch früh am Morgen und ihr Vater stand gerade auf. Er blickte auf, sah sie und sagte: »Was zum Teufel machst denn du hier?« Dann ging er aus dem Zimmer. Mrs. Duke erwachte und notierte sich den Traum.

Zwei Wochen später fuhr sie nach Pennsylvanien, um ihre Eltern zu besuchen. Sie ließ den Traum unerwähnt, weil sie wußte, daß ihre Eltern nicht an solche Dinge glaubten und auch nicht am Okkulten interessiert waren. Eines Tages nahm sie ihr Vater jedoch auf die Seite und erzählte ihr, er habe sie gut 14 Tage vorher morgens im Schlafzimmer stehen sehen, obwohl er ganz sicher gewußt habe, daß sie in Florida sei. Er sei so verblüfft gewesen, daß er lediglich herausgebracht habe: »Was zum Teufel machst denn du hier?« Dann habe er seine Frau geweckt und ihr von seinem Erlebnis erzählt. Mrs. Duke war also in Pennsylvanien gesehen worden, während sie in Bakersfield, Kalifornien, schlief.

Kurz vor einer weiteren Reise nach Pennsylvanien hatte sie einen Traum, in dem sie ihren Vater und ihre Muter im Garten hinter dem Haus Wäsche aufhängen sah. Sie versuchte, sich mit ihren Eltern zu unterhalten, diese nahmen jedoch überhaupt keine Notiz von ihr. Plötzlich fiel ihr ein, daß ihre Eltern einen Trockner hatten und deshalb die Wäsche eigentlich gar nicht aufhängen mußten. In der darauffolgenden Woche fuhr sie nach Pennsylvanien. Schon kurz nach ihrer Ankunft erzählte ihr ihre Mutter, sie warte schon seit drei Wochen auf ein Ersatzteil für ihren kaputten Trockner und müsse deshalb die Wäsche in den Garten hängen.

Elaine F aus Pennsylvanien wurde bereits in einem früheren Kapitel erwähnt. Sie scheint ihre medialen Fähigkeiten geerbt zu haben, denn auch ihre Mutter hatte bereits einige erstaunliche außerkörperliche Erlebnisse. In dem Traum, um den es hier geht, kam sie an einem sonnigen Tag in eine Stadt, in der sie zuvor schon in ähnlichen Träumen gewesen war. Sie kam mit einem Mann ins Gespräch, den sie vorher noch nie gesehen hatte.

Dieser Mann gab ihr seine Sonnenbrille, und sie hörte sich sinngemäß sagen, sie werde sie ihm zurückgeben, da er sie ja selbst brauche. Er erwiderte, er werde sie sich schon wiederholen.

Am nächsten Tag gingen Elaine F. und ihre Mutter einkaufen. Als sich die Mutter ihren Mantel holte — denselben, den sie auch im Traum angehabt hatte, fand sie in einer der Taschen eine Sonnenbrille. Keine der beiden Fraune hatte die Brille schon einmal gesehen. Reichlich verwirrt legten sie sie aufs Radio und verließen das Haus. Als sie jedoch heimgekommen waren, wollten sie sich die Brille noch einmal genau ansehen, sie war jedoch verschwunden.

Diese Art von Traum läßt sich nur schwer bis in alle Einzelheiten erklären. In ihm stecken Elemente astraler Projektion, aber ebenso von Dematerialisation, einem Phänomen, das es mit Sicherheit gibt und das durchaus mit den Gesetzen der Physik vereinbar ist, so wie wir sie heute im Atomzeitalter zu begreifen anfangen.

Häufig kommt es dann zu astralen Projektionen, wenn jemand operiert wurde oder in Narkose ist. Diese künstliche Dissoziationsformen scheinen Astralreisen zu begünstigen, und die Archive der Para-Forscher enthalten zahllose Fälle, in denen Leute ihre eigene Operation sahen, während sie oben in einer Ecke des Operationssaals schwebten.

Bei der Entbindung von ihrem dritten Kind erlitt Mrs. Patricia H. aus Ohio einen Blutsturz, und ihr inneres Ich verließ ihren Körper durch den Kopf. Sie beobachtete von oben alle Vorgänge im Kreißsaal. Dann verließ sie den Raum und »plauderte mit anderen Seelen«, wie sie sich ausdrückte. Sie wurde vor die Wahl gestellt zu bleiben oder auf die irdische Ebene zurückzukehren. Sie entschloß sich zur Rückkehr. Kurz danach wachte sie auf dem Operationstisch auf, erinnerte sich aber an alles, was sie während der Zeit gesehen hatte, in der sie augenscheinlich ohne Bewußtsein gewesen war.

Mrs. Arlene W. aus Chicago, Illinois, hat im Laufe der Jahre schon zahlreiche parapsychische Erlebnisse gehabt. Ein ganz besonderes hatte sie, als ihr Stiefsohn John am Arm operiert werden sollte, weil er sich einen Nerv und mehrere Sehnen durchgetrennt hatte. Es war eine komplizierte Operation, und Mrs. W. machte sich große Sorgen. In der Nacht zum 11. November 1969 träumte sie, sie sei bei John im Krankenhaus. Sie sah ihn im Bett liegen. Er hatte Schmerzen und klingelte deshalb nach der Schwester. Mrs. W. stand hinter ihm und sah auf ihn hinunter. Sein eingebundener Arm lag auf einem Kissen oben auf der Zudecke. Kurze Zeit später kam die Nachtschwester mit einer Spritze, die auf einem Metalltablett lag. Mrs. W. konnte sie ganz deutlich sehen, ihre Haube, ihre Haarfarbe, ihre Größe und ihre Figur. Sie sah zu, wie die Schwester Johns Armbeuge desinfizierte und ihm dann eine Injektion gab. Ihm schien es daraufhin sehr schnell besserzugehen. Dann schreckte Mrs. W. aus dem Schlaf auf und war sofort hellwach. Aus einem plötzlichen Antrieb nahm sie ihren Wecker und schaute nach der Zeit: Es war 2.05 Uhr. Am folgenden Tag besuchte sie ihren Stiefsohn und fragte ihn beiläufig, wie er geschlafen habe. John erzählte ihr, er habe sich gegen 2 Uhr morgens eine Spritze geben lassen. Mrs. W. beschrieb ihm die Schwester, die sie »gesehen« hatte, und die Beschreibung paßte genau auf die Nachtschwester, die ihrem Stiefsohn die Injektion gegeben hatte. Mrs. W. konnte sie unmöglich kennen, da sie ihren Dienst erst um 23 Uhr angetreten hatte.

Geri Howard aus North Hollywood, Kalifornien, ist Anfang 40 und hat zwei Töchter im Alter von 18 und 22 Jahren. Ihr Mann, der von ihren parapsychischen Erlebnissen weiß, bringt ihr sehr viel Verständnis entgegen. Mrs. Howard berichtete mir vor einiger Zeit von einem ungewöhlichen astralen Projektionstraum, den sie am 6. Juli 1965, zufällig an ihrem Geburtstag, gehabt hatte. Damals lag ihr Vater, der ihr sehr nahe stand, auf der Intensivstation der Universitätsklinik von Minnesota. Ihm war durch einen komplizierten Eingriff ein Gehirntumor entfernt worden, und sein Zustand war sehr ernst. In der Nacht nach der

Operation lag Mrs. Howard im Haus ihrer Tante im Bett. Außer ihr und ihrer Mutter wohnten auch noch andere Verwandte vorübergehend in diesem Haus, um in der Nähe des Patienten zu sein. Mrs. Howard lag also im Bett, hörte ihre Mutter sprechen und machte sich Gedanken darüber, was wohl passieren würde, wenn ihr Vater stürbe. Während ihre Mutter noch mit ihr sprach, hatte sie plötzlich das Gefühl, völlig erschöpft zu sein. Was dann geschah, soll sie am besten selbst erzählen, denn es handelt sich hier um eine astrale Projektion, die sich in einigen Punkten von normalen außerkörperlichen Erlebnissen unterscheidet.

»Ganz plötzlich hatte ich ein komisches Gefühl in den Zehen, ein Kribbeln, das allmählich bis zu den Knien hochreichte. Es war fast so, als ob ich unter Strom stehe. Nach und nach erfaßte dieses Gefühl meinen ganzen Körper bis hoch zum Kopf, und ich meinte, von einer Million Stromkreise durchlaufen zu werden. Dann war dieses Gefühl auf einmal zu Ende, und ich schaute auf mich selbst im Bett hinunter. Ich fand das komisch, ich war außerhalb meines Körpers, und die Gestalt im Bett war vollkommen von mir getrennt. Ich fühlte, daß ich schwebte, und ich dachte, es sei merkwürdig, daß die Seele im Körper verborgen sei.« (Zu dieser Zeit sprach Mrs. Howards Mutter noch immer, Mrs. Howard konnte sie aber nicht hören.)

»Ich schwebte zu meinem Vater ins Krankenhaus und begab mich in seinen Körper. Ich war ein Teil seiner selbst, und seine Gefühle waren auch meine Gefühle. Ich sah durch seine Augen meine Schwester, meine Mutter und mich selbst an seinem Bett stehen. Ich spürte, wie er sich durch Händedruck zu verständigen suchte. Dann sprach er, und er benutzte meinen leblosen Körper im Haus meiner Tante und sagte mit meinen Lippen, wir drei sollten tapfer sein und immer zusammenhalten. Dann verließ ich den Körper meines Vaters wieder und kehrte zu meinem eigenen zurück. Beim Wiedereintritt durch den Kopf hatte ich nach und nach die gleichen Empfindungen wie beim Austritt. Auch jetzt lief wieder Strom durch meinen Körper. Als ich zur Hälfte, bis zur Taille, im Innern war, sagte meine Mutter: ›Was habe ich dir denn getan?‹ Ich versuchte, möglichst schnell hineinzukommen, denn erst dann würde ich wieder sprechen und mich bewegen können. Der Strom lief hinunter zu meinen Knien und dann zu den Zehen. Als ich wieder vollständig in meinem Körper war, hatte ich erneut das Gefühl, ich werde von einer Million Stromkreise durchlaufen. Als es aufhörte, setzte ich mich auf, und ich konnte wieder sprechen. Ich fühlte mich herrlich erfrischt und entspannt, wie nach stundenlangem Schlaf.«

Mrs. Howards Mutter erzählte, ihre Tochter habe zwar kurze Zeit vorher mit ihr gesprochen, es sei aber nicht ihre Stimme gewesen, sie habe den Eindruck gehabt, jemand anders habe aus ihr gesprochen. Mrs. Howard hatte da ihrer Familie noch nichts von ihrem Erlebnis gesagt.

Eine Zeitlang sah es so aus, als ob sich Mrs. Howards Vater erholen würde. Doch dann verschlechterte sich sein Zustand wieder, er mußte erneut operiert werden und starb auf dem Operationstisch. Mrs. Howard ist froh, daß es ihr möglich war, ihrem Vater die Gewißheit zu verschaffen, die Familie werde zusammenhalten.

Bei einer ganz merkwürdigen Form der astralen Projektion kommt es zu einem Konflikt zwischen zwei Bewußtseinsteilen, von denen der eine offensichtlich vernünftiger ist als der andere.

Sharon M. aus Los Angeles hat in ihrem Leben schon zahlreiche ungewöhnliche Träume gehabt. Für gewöhnlich wacht sie frühmorgens kurzzeitig auf und entschließt sich widerwillig zum Aufstehen. Sie steht also auf und zieht sich an, irgendwie schläft sie dann jedoch wieder ein, und wenn sie erneut aufwacht, ist sie noch immer im Bett.

Diese Träume sind so intensiv, daß sie jedesmal mit Befremden feststellt, daß sie das Bett noch überhaupt nicht verlassen hat. 1969 sah sie eines Morgens nach dem Aufwachen am Fußende ihres Bettes eine Gestalt stehen, die ihr den Rücken zukehrte. Obwohl sie das Gesicht nicht sehen konnte, war sie sicher, daß es sich bei der Gestalt um sie selbst oder vielmehr um eine Exteriorisation von ihr handelte. Zu solchen Teilprojektionen kommt es, wenn das Bewußtsein das Unbewußte beeinflußt, was es normalerweise im Schlaf nicht tut.

Mrs. Robert B., eine Hausfrau aus Maryland, hat schon seit mehr als 30 Jahren ASW-Erlebnisse. Im Gegensatz zu den meisten Frauen hat sie deswegen keine Schwierigkeiten mit ihrem Mann, dieser ermutigte sie sogar, sich mit mir in Verbindung zu setzen. Ihr ältester Sohn ist bei der freiwilligen Feuerwehr und schläft an den Wochenenden in der Feuerwache. An einem Samstagabend waren Mr. B. und seine Frau im Wohnzimmer, weil sie sich noch zu später Stunde einen Film im Fernsehen ansehen wollten. Mr. B. saß während der ganzen Zeit in seinem Lehnstuhl, Mrs. B. dagegen, die normalerweise einen leichten Schlaf hat, schlief schon nach ein paar Minuten tief und fest auf dem Sofa ein. Ihr Mann sagte am nächsten Tag, sie habe so fest geschlafen, daß er sie nach dem Ende des Films nicht habe wekken wollen. Sie hatte deshalb die Nacht auf dem Sofa verbracht.

Mrs. B. träumte, sie höre in der Nähe Feuerwehrsirenen. Sie stand auf, verließ das Haus und ging zusammen mit ihrem Sohn, dem Feuerwehrmann, über die Straße auf das nicht eingezäunte Grundstück ihres Nachbarn. Von dort aus konnte sie sehen, daß es an der nächsten Kreuzung eine Massenkarambolage gegeben hatte. Schließlich ging sie wieder zurück, sie konnte sich aber nach dem Aufwachen nicht daran erinnern, wieder ins Haus gegangen zu sein. Während ihres Traums oder, besser gesagt, während sie sich außerhalb ihres physischen Körpers befand, hatte sich tatsächlich ein derartiger Unfall ereignet. Obwohl die Feuerwehrautos sehr viel Krach gemacht hatten, hatte sich Mrs. B. nach Aussage ihre Mannes kein einziges Mal auf dem Sofa gerührt. Das war ihm komisch vorgekommen. Da er jedoch gar nicht wußte, weshalb die Feuerwehr ausgerückt war, ließ er den ganzen Vorfall beim Frühstück unerwähnt. Kurz danach kam der Sohn vom Dienst nach Hause und begann von einem Unfall zu erzählen. Plötzlich erinnerte sich Mrs. B. an ihren Traum, sie fiel ihrem Sohn ins Wort und beschrieb die beteiligten Autos in allen Einzelheiten. Es gab nur einen einzigen Unterschied zwischen Traum und Realität: Während der Sohn im Traum seine Mutter ein Stück begleitet hatte, war er in Wirklichkeit an der Unfallstelle gewesen und hatte dort alle Hände voll zu tun gehabt.

Am 29. August 1968 legte sich Mrs. B. nach dem Mittagessen in einen Liegestuhl auf der Terrasse und schlief ein. Das war ungewöhnlich, denn sie schläft nur selten untertags. Sie träumte, sie sei bei ihrer Großmutter und stehe im Garten unter einem Obstbaum. Plötzlich sah sie etwa eine halbe Meile entfernt dunklen Rauch aufsteigen. Da sie in der Gegend aufgewachsen war, wußte sie ziemlich genau, wo es brannte. Nach dem Aufwachen erzählte sie ihrem Sohn von dem Traum, und dieser erkundigte sich am nächsten Tag bei einem Kollegen. An der von seiner Mutter bezeichneten Stelle war zur Zeit ihres Traums tatsächlich ein Brand ausgebrochen.

Mrs. G. gibt eine recht gute Beschreibung des Zustandes, der sie so verwirrt, der aber nichts anderes ist als eine astrale Projektion. In ihrem Fall spielt sich alles in der Zeit zwischen Wachsein und Schlaf ab, wenn man also noch wach ist, sich dessen aber nicht bewußt ist. »Man hat seine Gedanken unter Kontrolle, aber man will seinen Körper nicht bewegen, scheint ihn fast nicht bewegen zu können. Man ist vollkommen entspannt und steht an der Schwelle des Schlafs. Plötzlich bemerkt man zu seinem Erstaunen ganz deutlich, daß man sich mit wahnsinniger Geschwindigkeit vorwärtsbewegt, immer weiter und immer weiter, bis man es mit der Angst zu tun bekommt und sich zum Anhalten zwingt. Das ist gar nicht einfach. Oft werde ich langsamer, beschleunige dann aber mehrere Male wieder, bis ich endlich zum Stillstand komme. Manchmal bewege ich mich knapp über der Erde, manchmal hoch in der Luft. Das passiert mir ziemlich oft, ich habe die Reise aber noch nie beendet, weil ich solche Angst habe. Das nächste Mal werde ich mich aber nicht mehr fürchten und ich werde herausfinden, was mich am Ende der Reise erwartet.«

Mrs. Ester P. ist Organistin in der Gegend von San Francisco. Sie hat bereits eine Reihe von parapsychischen Erlebnissen gehabt. Als sie sich mit mir in Verbindung setzte, wollte sie wissen, ob nach einer astralen Projektion der Wiedereintritt in den körperlichen Leib sanft erfolge oder ob es dabei zu einem Ruck komme. Anlaß für diese Frage war ein Erlebnis, das Mrs. P. in den sechziger Jahren hatte. Sie wachte eines Morgens kurz vor 5 Uhr auf und stellte fest, daß sie sich *über* ihrem Bett befand und auf ihren Körper hinuntersah. Plötzlich rasselte der Wecker, und sie lag wieder in ihrem Bett. Als sie jedoch den Arm ausstreckte, um den Wecker abzustellen, *ging ihre Hand durch ihn hindurch*! Fast gleichzeitig spürte sie einen Ruck, und nun konnte sie den Wecker abstellen.

Mrs. Janet J. aus Bowling Green, Kentucky, ist Mitte 30 und hat drei Kinder. 1963 wurde sie mit starken Schmerzen ins Memorial Hospital von Lexington eingeliefert, weil sie sich den Daumen in der Autotür eingeklemmt hatte. Sie lag auf einer Trage und wartete darauf, behandelt zu werden. Plötzlich hatte sie überhaupt keine Schmerzen mehr und stellte fest, daß sie sich außerhalb ihres Körpers befand, fast oben an der Decke, und ruhig auf sich hinunterschaute. Als ihr jedoch klarwurde, was geschehen war, wurde sie in ihren Körper zurückgeschleudert, und auch die Schmerzen kamen wieder zurück. Während einer Entbindung, als sie in Narkose war, passierte ihr etwas Ähnliches. Sie lag auf dem Bett, beobachtete sich gleichzeitig aber auch von oben. Da sie die Vorgänge während der Geburt in allen Einzelheiten beschreiben konnte, gelang es ihr, die behandelnden Ärzte von der Realität ihres außerkörperlichen Erlebnisses zu überzeugen.

Mrs. Eileen Zakhar, eine Lehrerin aus Illinois, berichtete mir von einem interessanten Fall, in dem sich ein außerkörperliches Erlebnis und ein Jenseitstraum vermischten. Als im März 1960 ihr Vater starb, der ihr sehr viel bedeutet hat, war sie in tiefer Trauer. Ein paar Wochen nach seinem Tod erschien ihr ihr Vater im Traum, und sie sprachen miteinander. Plötzlich stellte sie fest, daß sie mit ihrem Vater im Garten auf und ab ging. Ihr Mann und sie hatten ihr neues Heim erst kurz nach seinem Ableben bezogen, und er sagte ihr, daß ihm alles sehr gut gefalle. Sie spazierten bis zum Ende der Straße, und dort verabschiedete er sich dann von ihr. Er ging auf ein unbebautes Grundstück, und Mrs. Zakhar ging wieder nach Hause. Kurze Zeit danach wachte sie im Bett auf. Ein paar Nächte später erschien ihr ihr Vater erneut. Sie gingen wieder spazieren und führten ein langes Gespräch, an dessen Inhalt sie sich aber nicht erinnern konnte. Auch in einem dritten Traum ging sie mit ihrem verstorbenen Vater bis ans Ende der Straße, diesmal erinnerte sie sich nach dem Aufwachen jedoch an das, war er ihr gesagt hatte.

»Es ist sehr angenehm, wo ich bin. Ich bin jetzt richtig glücklich. Ich werde dich nicht wiedersehen. Ich muß eine lange Reise machen und werde lange weg sein!« Er lächelte sie an und ging allein auf das unbebaute Grundstück. Dann begann er sich aufzulösen, zuerst an den Beinen, dann bis zur Hüfte. Mrs. Zakhar konnte durch ihn hindurchsehen, sie rührte sich aber nicht von der Stelle. Er drehte sich um und schaute sie an, keiner winkte jedoch dem andern zu. Dann drehte er sich wieder weg und löste sich vollständig auf. Mrs. Zakhar stand noch eine ganze Weile und starrte auf das Grundstück. Wenig später wachte sie im Bett auf.

Ein konservativer Psychiater oder Psychoanalytiker würde diesen Traum bestimmt auf den Tod des Vaters und den damit verbundenen Schmerz zurückführen, ich bin jedoch überzeugt davon, daß Mrs. Zakhar alles so erlebte, wie sie es erzählte. Sie hatte ohne Zweifel ein außerkörperliches Erlebnis, in dem sie der Welt der Geister ebenso angehörte wie ihr Vater. Folglich konnten sich die beiden auch in dieser Dimension treffen. Wäre dies Mrs. Zakhars einziges außerkörperliches Erlebnis gewesen, so könnte man meine Deutung zu Recht anzweifeln. Sie hatte jedoch auch noch andere, konventionellere Erlebnisse, die nicht mit Toten zu tun hatten.

Eines dieser Erlebnisse hatte sie im September 1966. Die Zakhars hatten damals gerade ein Baby adoptiert. Als Mrs. Zakhar von einem Freund übers Wochenende zu einem Campingausflug nach Wisconsin eingeladen wurde, hätte es seine Frau zwar lieber gesehen, wenn er zu Hause geblieben wäre, sie sagte aber nichts, weil sie ihm die Freude nicht verderben wollte. Die beiden Männer hatten vor, am Samstagmorgen um 3 Uhr loszufahren. Mrs. Zakhar war von der Vorstellung, mit dem Baby allein im Haus zu sein, nicht gerade begeistert. Am Samstagmorgen stand Mr. Zakhar auf, zog sich leise an und ging dann in die Küche, um schnell zu frühstücken und um Kaffee für seine Thermosflaschen zu machen. Mrs. Zakhar hörte ihn, wachte aber nicht richtig auf. Plötzlich stand sie jedoch auf und ging zu ihm in die Küche. Das Licht dort kam ihr unnatürlich gelb vor. Sie stand in der Tür und sah ihrem Mann zu, wie er sich Kaffee und Toast machte. Er schien sie jedoch überhaupt nicht zu bemerken! Schließlich sagte sie: »Patty ist noch so winzig, mir wäre es viel lieber, du würdest nicht fahren.« Er ließ sich aber überhaupt nicht stören. Er füllte die Thermosflaschen, machte das Licht in der Küche aus, ging an ihr vorbei die Treppe hinunter, zog sich seinen Mantel an und setzte den Hut auf. Mrs. Zakhar bat ihren Mann noch einmal, nicht zu fahren, weil das Baby noch so klein sei, dieser verließ jedoch das Haus, und Mrs. Zakhar ging zurück ins Schlafzimmer. Sie erinnert sich noch daran, daß das Nachtlicht ungewöhnlich gelb war und daß ihre Füße kaum den Boden berührten. Im Schlafzimmer entdeckte sie sich selbst im Bett und sagte überrascht: »Kein Wunder, daß er mich nicht gehört hat, ich liege ja noch im Bett und schlafe!« Dann glitt oder schwebte sie »in sich« zurück und schlief tief und fest, bis die kleine Patty um 6 Uhr anfing zu schreien.

Da wir im Schlaf vom Unbewußten beherrscht werden, ist es ohne weiteres vorstellbar, daß dieses Unbewußte unserem inneren Ich Anweisungen gibt, die körperliche Hülle zu verlassen und Aufgaben zu übernehmen, die das bewußte Ich nicht übernehmen will. Mrs. Zakhars inneres Ich dagegen wollte ihn nicht um sein Vergnügen bringen. Aufgrund dieser Spannung zwischen Bewußtsein und Unterbewußtsein war es dem Unbewußten möglich, sich vorübergehend vom Bewußtsein zu trennen und zu versuchen, die Botschaft zu übermitteln. Leider merkte Mr. Zakhar nichts davon, weil er in einer anderen Dimension war. Wäre er ebenfalls medial begabt, so hätte er die Botschaft vielleicht empfangen, entweder teilweise oder ganz.

Außerkörperliche Erlebnisse sind weder furchterregend noch gefährlich und kommen gleich häufig in allen Bevölkerungsschichten vor. Madame Helene Blavatsky, die Gründerin der

Theosophischen Gesellschaft, vertrat die Ansicht, Astralreisen seien gefährlich, weil in der Zwischenzeit eine unerwünschte, vielleicht sogar böse Seele in den Körper des Reisenden gelangen könne und weil unter diesen Umständen nicht auszuschließen sei, daß der Astralreisende nicht mehr in seinen Körper zurückkehren könne und daß die eingedrungene Seele vom Körper ihres Opfers Besitz ergreife und ihn für ihre eigenen Zwecke benutze. Eine solche Situation ist zwar nicht völlig auszuschließen, mir ist aber nichts Derartiges bekannt, und ich bin überzeugt, daß während astraler Projektionen irgendein Sicherheitsmechanismus in Funktion ist. So kann es durchaus sein, daß die — sichtbare oder unsichtbare — Silberschnur eine Besitzmaßnahme verhindert, es ist aber beispielsweise auch vorstellbar, daß die psychischen Eingangszentren automatisch geschlossen werden, wenn es zu einer Astralreise kommt. Aufgrund meiner Forschungen bin ich ziemlich sicher, daß eine Besessenheit nicht auf die von Madame Blavatsky befürchtete Art und Weise zustande kommt.

XI.
Wie man durch Träume sein Bewußtsein erweitern kann

Gehen wir von der Voraussetzung aus, daß im Traumzustand Bewußtsein und Unterbewußtsein getrennt sind, so brauchen wir nicht zu warten, bis wir von außen Informationen und Anweisungen darüber bekommen, wie wir uns diesen Umstand zunutze machen können. Wir können unsere Fähigkeit zu träumen auch ohne Material von außen dazu einspannen, unsere Talente zu entfalten und unsere Persönlichkeit, ja sogar unsere Gesundheit zu festigen.

Beispielsweise können wir den Traumzustand zur Lösung von Problemen einsetzen, die wir im Wachzustand nicht zu lösen vermögen. Angenommen, uns macht eine Hausaufgabe Schwierigkeiten oder uns beschäftigt eine schwierige Situation, so können wir uns so programmieren, daß wir die Lösung im Traumzustand finden und uns nach dem Aufwachen daran erinnern. Dies geschieht durch vorsichtige, zwei — oder dreimal wiederholte Anregungen unmittelbar vor dem Einschlafen, die in einfacher Sprache gehalten und sehr kurz sein sollten. Hat der Träumende dem Unbewußten seine Vorstellungen übermittelt, so muß er sozusagen das Thema wechseln und an etwas anderes denken, etwas, was mit dem erwünschten Traumgeschehen überhaupt nichts zu tun hat. Nach dem Erwachen wird er wahrscheinlich die Lösung seines Problems vom Vortag finden. Das heißt nun nicht, daß er die Lösung von irgendeiner äußeren Quelle bekommen hat, beispielsweise von einem römischen Deus ex machina, das heißt nichts anderes, als daß die Lösung bereits in seinem Unbewußten vorhanden war. Sein Traum weckte lediglich den schlafenden Riesen in ihm und brachte ihm die Information zum Bewußtsein. Statt zur nächsten Wahrsagerin zu laufen, täten sie meisten Menschen besser daran, auf ihre innere Stimme zu hören und sich sorgfältig alles zu notieren, woran sie sich nach dem Aufwachen erinnern können. Das unbewußte Empfangszentrum sieht alles, hört alles, weiß alles — leider gibt es jedoch Kommunikationschwierigkeiten mit dem bewußten Ich. Programmiert man sich darauf, von einer ganz bestimmten Situation zu träumen, so schlägt man auf diese Weise eine Brücke zu seinem Unbewußten. Die gleiche Technik kann auch angewandt werden, wenn man die Vergangenheit wieder aufleben lassen will, wenn man sich an wichtiges Material erinnern will, das man vergessen hat, oder wenn man Wissen auffrischen will, dessen man sich nicht mehr ganz sicher ist. In diesen Fällen muß man sich einfach darauf programmieren, von einem bestimmten Abschnitt seines Lebens zu träumen. Edgar Cayce sah im Traumzustand ein ausgezeichnetes Mittel, die »ätherischen Archive« auszuwerten und etwas über seine früheren Reinkarnationen zu erfahren. Es gibt auch Leute, die unmittelbar vor dem Zubettgehen meditieren, um im Schlaf Auskunft über ihre früheren Existenzen zu erhalten.

Auch körperliche und seelische Erkrankungen können im Traumzustand geheilt werden. Gehen Sie Ihr Leiden oder Ihr Problem kurz vor dem Schlafengehen durch und bestimmen Sie möglichst genau seine Ursache und sein Ausmaß. Haben Sie das getan, so programmieren Sie sich darauf, im Schlaf von Kräften aus dem All geheilt zu werden, und gehen Sie mit der positiven Einstellung zu Bett, daß sie tatsächlich geheilt werden. Sie mobilisieren auf diese Weise die körperlichen und seelischen Abwehrkräfte und ermöglichen es gleichzeitig dem Traumzustand, Sie nach dem Aufwachen mit nützlichen Informationen über Ihre Gesundheit zu beliefern.

Wollen Sie potentielle ASW-Talente entfalten, so können Sie das durch die Mitteilung an Ihr Unbewußtes erreichen, daß Sie im Traumzustand Ihr Bewußtsein erweitern wollen, daß Sie Material von außen, aber auch von Ihrem eigenen Unbewußten bekommen wollen, daß dieses Material an die Oberfläche gebracht werden soll und daß Sie sich nach dem Aufwachen daran erinnern möchten. Wenn Sie dies regelmäßig tun, werden Sie immer häufiger ASW-Erlebnisse haben.

Viel Aufhebens wurde vor ein paar Jahren von Abspielgeräten gemacht, deren Kopfhörer unters Kissen gelegt werden mußten, damit der Schlafende eine leise Stimme hören konnte, die bestimmte Wörter mehrere Male wiederholte. Lernen im Schlaf war jedoch noch nie sehr erfolgreich. Sicherlich können in Einzelfällen Suggestionen dieser Art das Unbewußte auf genau die gleiche Weise erreichen wie eine menschliche Stimme, die Methode versagt aber sofort, wenn der Schlafende die tieferen Schlafstunden erreicht hat und zu träumen beginnt.

Im Traumzustand lassen sich auch sehr gut Wunschvorstellungen realisieren, von beruflichen Erfolgen angefangen bis hin zu psychosexuellen Phantasien. Gehen Sie mit der festen Absicht zu Bett, von einem bestimmten für Sie positiven Ereignis zu träumen, so vergegenwärtigen Sie sich dieses Ereignis noch einmal kurz vor dem Einschlafen. In vielen Fällen wird Ihr Unbewußtes dafür sorgen, daß Ihr Wunsch in Erfüllung geht. Es kann sogar zu einer astralen Projektion kommen.

Schließt Ihr Wunschtraum eine andere Person ein, so ist es durchaus möglich, daß diese davon Kenntnis erhält. Sie kann ebenfalls einen Traum haben, sie kann den Inhalt Ihres Traums aber auch bewußt erfahren. Auch hier ist eine astrale Projektion nicht ausgeschlossen. Ganz gleich jedoch, ob Ihr Traum eine positive Reaktion auslöst oder nicht, Sie haben auf jeden Fall ein angenehmes Erlebnis.

Positive Ergebnisse hängen weitgehend von Gegebenheiten zur Zeit des Traums ab sowie davon, wie er von der anderen Person aufgenommen wird. Gelegentlich haben Traumprojektionen jedoch ganz erstaunliche Folgen.

Nach Dr. Stanley Krippner vom Traumlaboratorium am Maimondes Hospital in Brooklyn, New York, ist der heutzutage als REM-Phase (= Rapid Eye Movements) bezeichnete Schlafabschnitt diejenige Zeit, an deren Träume man sich am besten erinnert. Dr. Wilson B. Webb, Forscher und Psychologe an der University of Florida, sagt, der Schlafzustand wechsle in einer einzigen Nacht im Durchschnitt 35mal. Das bedeutet, daß der Träumende in verhältnismäßig kurzen Abschnitten große Räume durchmißt. Natürlich stellen die Träume, an die man sich nach dem Aufwachen erinnert, nur einen Bruchteil derer dar, die man im Laufe der Nacht tatsächlich gehabt hat. Werden die von Dr. Krippner begonnenen Forschungen weitergeführt, so werden wir sicher noch mehr über die Natur der REM-Phasen erfahren. Die beiden Forscher Dr. W. C. Dement und Nathaniel Kleitmann haben festgestellt, daß es in diesen Schlafabschnitten ziemlich regelmäßig zu Träumen kommt, vor allem im letzten Drittel der Nacht. Sie haben weiterhin herausgefunden, daß REM-Schlaf auch tagsüber möglich ist, nicht nur nachts.

Ein ganz ausgezeichnetes Werk auf diesem Gebiet ist *The Sleep Book* von Shirley Motter Linde und Louis M. Savery. Es enthält verschiedene Theorien über Schlaf und Träume und befaßt sich mit der Materie in einer auch für den Laien verständlichen Sprache, was bei den meisten Traumbüchern ganz und gar nicht der Fall ist.

Den Autoren zufolge haben 65 Prozent aller Menschen, die sich mit dem Institute for Parapsychology in Durham, North Carolina, in Verbindung setzen, ihre ASW-Erlebnisse im Traumzustand. »Stellen Sie fest, daß Sie in Ihren Träumen Vorahnungen haben oder die Gedanken anderer lesen können, so erschrecken Sie nicht; sehen Sie in diesen Erfahrungen eine Bereicherung Ihres Lebens und gewinnen Sie den Träumen jede nur erdenkliche positive Seite ab«, sagen die beiden Autoren. Sie machen auch einen Vorschlag, wie man nach dem Aufwachen mit häßlichen Träumen fertig werden kann: »Schließen Sie die Augen und denken Sie an den Traum; halten Sie sich die erschreckendsten Elemente plastisch vor Augen und ändern Sie den Traum dann ganz bewußt ab, freunden Sie sich sozusagen mit den Schrecken an und nehmen Sie ihnen so allmählich die Wirkung.« Das ist natürlich nur bei Träumen angezeigt, die keine Botschaft enthalten. Ich glaube nicht, daß es gut wäre, Wahr- und andere paranormale Träume auf die gleiche Weise zu zerlegen, denn durch sie wird dem Bewußtsein eine Botschaft übermittelt, aus der der Träumende in den meisten Fällen Konsequenzen ziehen soll.

Katherine Cover Sabin *(ESP and Dream Analysis)* schlägt zur

Traumbeherrschung folgendes vor: »Der Anfänger sollte autosuggestiv vorgehen, er sollte auf seinen Solarplexus deuten und sich gleichzeitig mit diesen Worten an das Unterbewußte wenden: ›Meine Träume werden laufend deutlicher und teilen mir immer mehr mit.‹ Das sollte im Laufe des Tages und auch nach dem Zubettgehen mehrmals wiederholt werden.«

»Machen Sie sich klar, welch ungeahnte Kräfte im Traum stecken«, lautet der reißerische Aufmacher einer Zeitungsannonce für *Deine Träume*, das jüngste Buch von Dr. Ann Faraday. Die Psychologin schlägt darin vor, man sollte seine Träume in einem Tagebuch niederschreiben und sie so bewahren. Über sexuelle Träume, ob sie nun aus dem Träumenden oder aus der Libido herrühren, hat sie folgendes zu sagen:

»Alle unsere Energien haben eine erotische Komponente; der Fortpflanzungstrieb ist nur *eine* der vielen Ausprägungen des Urtriebs in unserem Leben, uns ›in alles zu ergießen‹, alles ›an uns zu reißen‹ oder alles ›in uns aufzunehmen‹, was uns durch jede Faser unseres Daseins erregt.« Der Kern dieser Aussage ist: alle unsere Wunschträume, unter welcher Form sie auch auftreten, sind erotisch gefärbt.

Dr. Farady stellt weiterhin fest: »Träume, die paranormale Warnungen zu enthalten scheinen, bewahrheiten sich nur in sehr wenigen Fällen; jeder unheimlichen Geschichte, die in der Presse auftaucht, stehen Tausende von Träumen gegenüber, die ebenfalls Todesfälle, Flugzeugabstürze, Überschwemmungen oder die Ermordung von Präsidenten zum Inhalt haben, die sich aber nie bewahrheiten.« Daran stimmt natürlich kein Wort. Jeder Para-Forscher kann bestätigen, daß sich etwa 25 Prozent aller paranormalen Träume erfüllen.

Warum bewahrheiten sich eigentlich *manche* Träume nicht? Nun, wer kann schon sagen, wann der Termin für solches Material abgelaufen ist? Viele Träume von Katastrophen etc. können doch ohne weiteres noch objektive Realität werden. Wurde in einem Traum ein genauer Zeitpunkt genannt, der inzwischen vorbeigegangen ist, so handelte es sich bei diesem Traum möglicherweise um einen Warntraum, dessen Realisierung irgendwie abgewendet wurde. Einige wenige Träume sind natürlich auch falsch, bei ihnen handelt es sich nicht um paranormales, sondern um symbolisches Material, das nur im Zusammenhang mit dem Träumenden gesehen werden darf.

»Es ist unter Para-Forschern allgemein bekannt, daß die allermeisten Erlebnisse, die tatsächlich auf ASW zurückzugehen scheinen, völlig belanglose Dinge zum Inhalt haben«, ist eine weitere Feststellung von Dr. Faraday. Sie zeigt damit, daß sie von präkognitiven Träumen keine Ahnung hat. Diese Belanglosigkeiten beweisen doch nur, wie ich bereits ausgeführt habe, daß präkognitives Träumen ein mehr oder weniger mechanischer Prozeß ist, in dessen Verlauf dem Träumenden nicht nur wichtige Dinge zur Kenntnis gelangen. Ebenso wie Miss Sabin akzeptiert auch Dr. Faraday symbolische ASW-Träume: »Viele Fälle von wirklicher ASW werden nicht als solche erkannt, weil sich die Traumbilder symbolisch darbieten — die Schwierigkeiten und die Konfusion auf diesem Forschungsgebiet werden dadurch natürlich noch größer.« Ich kann keine Konfusion sehen, und es gibt für mich auch keinen Grund, in symbolischen oder sonstwie verwirrenden Träumen nach ASW-Material zu suchen. Wie ich schon mehrfach in diesem Buch gesagt habe, sind *echte* paranormale Träume stets klar und präzise.

»Leute, die Schwierigkeiten haben, sich an ihre Träume zu erinnern, sollten versuchen, nicht zu abrupt aufzuwachen, und sollten noch ein paar Augenblicke lang passiv und entspannt liegenbleiben«, rät Tom Chetwynd in *How to Interpret Your Own Dreams.* Sein hochtrabend als »Enzyklopädie« bezeichnetes Buch ist wenig mehr als eine alphabetische Liste von Traumdeutungen nach »babylonischem« Muster. Es mag bei nichtparapsychischen Träumen ganz natürlich sein, denn es führt die verschiedensten Deutungsmöglichkeiten von Traumsymbolen auf, wertlos ist es dagegen bei echten paranormalen Träumen, die Botschaften in sich sind und keiner »Deutung« bedürfen. Um zu verhindern, daß sein Werk mit derartigen Träumen in Verbindung gebracht wird, schreibt der Autor: »Im vorliegenden Buch geht es nicht um Spiele, Weissagungen und andere unwissenschaftliche Dinge.« Und das bei 583 verschiedenen Traumthemen! Das Buch ist ohne Zweifel eine willkommene Ergänzung

zu Tarockkarten.
Ich kann mir keinen besseren Abschluß für dieses Kapital vorstellen als den Hinweis auf das Werk von Dr. John Mariani. Er ist Professor für Mathematik, wissenschaftlicher Berater sowie Mitglied der *American Physical Society* und der New Yorker *Academy of Sciences.* Dr. Mariani arbeitet schon jahrelang auf dem Gebiet der theoretischen Physik. In den letzten Jahren hat er versucht, die besonderen Eigenschaften von Raum und Zeit auf subatomarer Ebene zu erforschen. Er hat dabei einige erstaunliche Entdeckungen gemacht, die jedoch zu speziell für dieses Buch sind. Ich will mich auf die Feststellung beschränken, daß er zunächst das unter bestimmten Voraussetzungen unerklärliche Verhalten der Zeit beobachtete — schon Albert Einstein hat darauf hingewiesen —, wobei Raum und Zeit plötzlich austauschbar werden. Das bedeutet, daß die Zeit ebenfalls in umgekehrter Richtung fließen kann, von der Zukunft in die Vergangenheit und nicht nur, wie wir bisher angenommen haben, von der Vergangenheit in die Zukunft. Als Beispiel führt Dr. Mariani an, ein Beobachter, der mit hoher Geschwindigkeit um die Erde kreist, könne nach 10 Jahren entdecken, daß die Erde um 100 Jahre gealtert sei. »Der Kern meiner Theorie, die von anderen Fachleuten als richtig anerkannt wird«, stellt Dr. Mariani fest, »ist, daß diese besonderen Eigenschaften von Raum und Zeit nicht nur wie in den gängigen Theorien auf die subatomare Ebene begrenzt sind, sondern daß sie in seltenen Fällen bis auf die menschliche Ebene durchstoßen können. Meiner Meinung nach entstehen dadurch solche außerordentlichen Phänomene, die für gewöhnlich als ›übernatürlich‹ oder ›wunderbar‹ gelten oder schlicht geleugnet werden. Raum und Zeit sind auch keine Grundbegriffe, sondern sie leiten sich aus einem abstrakten Formalismus ab, in dem nichts von ihren intuitiven Aspekten erhalten bleibt.«

Die Arbeit Dr. Marianis kann sich als eine vollkommene rationale, wissenschaftliche Grundlage erweisen, aus der sich alles paranormale Verhalten erklärt, und sie könnte dazu führen, daß wir unsere Ansichten über Zeit und Raum überdenken müssen. Das sage ich schon seit vielen Jahren, denn meiner Überzeugung nach dürfen wir parapsychische Erscheinungen nicht *außerhalb* unserer naturwissenschaftlichen Kategorien ansiedeln, wir müssen vielmehr unsere naturwissenschaftlichen Vorstellungen den *vorhandenen* Fakten anpassen.

Einer der Grundpfeiler hergebrachten wissenschaftlichen Denkens ist seit eh und je die Annahme, daß die Zeit nur in eine Richtung verläuft. Dr. Mariani und sicherlich auch andere Physiker sind dabei, das Gegenteil zu beweisen. Die Fähigkeit zu Wahrträumen würde dann nicht mehr als außerordentliches Phänomen gelten, sondern als etwas ganz Natürliches innerhalb unseres Wissens über das Universum.

Ich möchte dieses Kapitel mit einem Zitat des Sehers und Dichters William Blake abschließen: »Wenn wir die Pforten der Wahrnehmung freimachen, so würde dem Menschen alles so erscheinen, wie es ist, nämlich unendlich. Denn der Mensch hat sich so sehr abgeschlossen, daß er die Dinge nur noch durch enge Ritzen seiner Höhle sieht.«

XII.
Wie man durch den Traumzustand sein Wissen erweitern und sein Leben beherrschen kann

Da, wie ich bereits ausgeführt habe, Schlafen gleichbedeutend ist mit Träumen, ist es möglich, durch den Schlaf-Traum-Zustand erfolgreich sein Wissen und seine Lernfähigkeit zu vergrößern. Das kann, muß aber nicht unbedingt in Hypnose geschehen. Auch der Träumende selbst kann mit recht guten Erfolgsaussichten aktiv werden. Wichtig ist bei einer derartigen Selbsthilfe jedoch, daß man nach einer »sanften« Methode vorgeht, damit die Suggestionen vom Unbewußten angenommen und nicht zurückgewiesen werden, wie das bei zu starker Konzentration oder bei Anwendung einer »harten« Methode der Fall sein könnte. Aus diesem Grund erwiesen sich auch Aufnahmen, die die ganze Nacht hindurch immer wieder leise abgespielt wurden, um so das Unbewußte zu erreichen, als völlig erfolglos. Der einzige Weg, auf dem das Unbewußte dazu gebracht werden kann, seinem Herrn im Wachzustand zu dienen, besteht darin, auf den Traumzustand sanft, ja fast beiläufig anzuspielen und so zu tun, als mache es gar nichts aus, ob das Unbewußte auf die Suggestion reagiere oder nicht. Diese Methode erweist sich nach meinen Erkenntnissen in den meisten Fällen als äußerst erfolgreich. Ich muß allerdings eingestehen, daß ich nicht weiß, warum man durch ein behutsames Vorgehen beim Unbewußten mehr erreicht als durch ein formalisiertes und aggressives Vorgehen. Vielleicht weigert sich das Unbewußte ganz einfach, strenge Befehle entgegenzunehmen, reagiert aber positiv auf Vorschläge und Anregungen. Es hat ein eigenes Leben, und nach meinen Erfahrungen ist es eher ein störrisches Kind als ein vernunftbegabter Erwachsener.

Man muß sich also vor dem Einschlafen auf bestimmte Dinge festlegen und diese an das Unbewußte weitergeben, in der Erwartung, daß sie im Traumzustand verarbeitet werden und daß anschließend dem Bewußtsein Wissen übermittelt wird, das man sich im Wachzustand zunutze machen kann. Verständlicherweise kann diese Methode nicht immer erfolgreich sein, schließlich nimmt das Unbewußte während des Schlafs auch noch Traummaterial aus vielen anderen Quellen auf. Da man dagegen nichts tun kann, bleibt einem nur die Hoffnung, daß das eingegebene Material einen Platz findet, daß es vielleicht anderes Material überlagert und daß es irgendwann eine Möglichkeit sieht, das Bewußtsein zu erreichen. Wie dem auch sei, die Methode ist durchaus erfolgversprechend, und Sie sollten sich von vereinzelten Fehlschlägen nicht entmutigen lassen. Sie müssen folgendermaßen vorgehen:

1. Ziehen Sie sich 30—60 Minuten vor dem Zubettgehen an einen Ort mit gedämpften Licht zurück. Sie sollten allein sein, damit Sie ungeniert laut sprechen können. Lesen Sie sich das, was Sie sich einprägen wollen, einmal leise und einmal laut durch. Bei dem Material kann es sich um einen Absatz handeln, aber auch um ein ganzes Buch. Am größten sind die Erfolgsaussichten natürlich dann, wenn man sich nur immer ein paar Seiten auf einmal vornimmt. Sie haben nun die Informationen an die oberen Schichten Ihres Bewußtseins weitergegeben, sie aber keineswegs schon auswendig gelernt. Legen Sie jetzt das Material beiseite und beschäftigen Sie sich mit einem Thema, das mit dem, was Sie gerade gelesen haben, überhaupt nichts zu tun hat. Es sollte aber irgendein angenehmes Thema sein, bei dem Sie gern verweilen. 2. Schauen Sie sich vor dem Schlafengehen das Material noch einmal an, jedoch ohne es zu lesen, werfen Sie ganz einfach einen Blick auf die Seiten, die Sie sich einprägen wollen. Sagen Sie anschließend: »Das werde ich nach dem Aufwachen auswendig kennen.« Denken Sie dann wieder an irgend etwas anderes. 3. Schauen Sie sich am nächsten Morgen das Material erneut an, wieder, ohne es zu lesen, und Sie werden feststellen, daß sich Ihnen im *Schlaf* bereits lange Passagen eingeprägt haben.

Nicht nur Lernstoff kann auf diese Weise dem Unbewußten und von dort dem Bewußten übermittelt werden, man kann vor dem Zubettgehen seinem Unbewußten auch ein ungelöstes Problem vortragen und am nächsten Morgen mit einer Antwort rechnen. Den Einsatzmöglichkeiten des Traumprozesses sind keine Grenzen gesetzt. Er funktioniert in gewisser Weise wie ein Computer, man gibt Material ein und bekommt Antworten geliefert, auf die man trotz aller Logik nicht kam.

Kommen Sie trotz Lektüre dieses Buches mit einem Traum nicht zurecht und wollen Sie zusätzliche, vielleicht nähere Informationen über seinen Inhalt, so sagen Sie Ihrem Unbewußten, daß Sie aufgeklärt werden möchten. Versuchen Sie sich an alle Einzelheiten des Traums zu erinnern und stellen Sie dann vor dem Schlafengehen erst leise, dann laut ganz gezielte Fragen. Sie werden mit einiger Wahrscheinlichkeit noch einmal den gleichen Traum haben, vielleicht mit leichten Abänderungen, und werden dadurch Antworten auf all Ihre Fragen bekommen.

Ein Großteil des Traummaterials stammt zwar von äußeren Quellen, ein Teil kommt aber auch aus uns selbst, aus Bewußtseinsschichten, die wir nur selten benutzen. Träume sind lediglich Bewußtseinszustände, sie sind keine Einzelheiten für sich und sie bilden keine eigene Kategorie. Mir ging es bei der Behandlung der vielen Traumaspekte vor allem darum, Sie, verehrter Leser, mit der wahren Natur des Traumzustands und seinen vielen positiven Seiten vertraut zu machen. Wir müssen unsere Traumwahrnehmung so weit unter Kontrolle bringen, daß wir uns nach dem Aufwachen an einen Großteil des Traummaterials erinnern und daß wir uns den Traumzustand ebenso zunutze machen können wie den Wachzustand, den so viele für den wichtigeren Teil unserer Existenz halten. In Wirklichkeit jedoch gehen Wachzustand und Traumzustand Hand in Hand, sie sind gleichberechtigte Partner und bilden die beiden Hälften unseres Lebens.

Bibliographie

Bro, Harmon H. *Dreams in the Life of Prayer.* New York: Harper, 1970.

Bro, Harmon H. *Edgar Cayce on Dreams.* New York: Paperback Lib., 1974.

Chetwynd, Tom. *How to Interpret Your Own Dreams.* New York: Wyden, 1972.

Faraday, Ann. *Deine Träume, Schlüssel zur Selbsterkenntnis.* Frankfurt: S. Fischer, 1978.

Fromm, Erich. *The Forgotten Language.* New York: Harper, 1951.

Hall, Calvin S. *The Meaning of Dreams.* New York: McGraw, 1966.

Linde, Shirley Motter, u. Savery, Louis M. *The Sleep Book.* New York: Harper, 1974.

MacKenzie, Norman. *Träume.* München: Vollmer, 1978.

Monroe, Robert A. *Journeys Out of the Body.* Garden City, New York: Doubleday, 1971; Anchor 1973.

Muldoon, Sylvan, u. Hereward Carrington. *Phenomena of Astral Projection.* New York: Weiser 1970.

Muldoon, Sylvan, u. Hereward Carrington. *Aussendungen des Astralkörpers.* Freiburg: Bauer, 1978.

Sabin, Katherine Cover. *ESP and Dream Analysis.* Chicago: Regnery, 1974.

Shulman, Sandra. *Dreams.* New York: Harrow Books, 1973.

Holzer, Hans. *Occult Power.* New York: Dale Books, 1978.

Sachbücher

Theo Löbsack

Wunder, Wahn und Wirklichkeit

Naturwissenschaft und Glaube
Die heutigen Aussagen der Kirche über das Wesen Gottes und der Schöpfung werden mit den Erkenntnissen der Naturwissenschaften konfrontiert.
Theo Löbsack schildert, welche Folgen religiöser Fanatismus haben kann, wie Wunderheilungen zustande kommen und wie inhaltslos die Versuche der Theologie sind, Gott zu definieren.

Sachbuch (11164)

Maß aller Dinge

Was die Wissenschaft vom Menschen weiß.
Der Wissenschaftspublizist Theo Löbsack zieht eine kritische Bilanz, er zeichnet nach was Biologie, Soziologie, Psychologie, Parapsychologie und Medizin heute vom Menschen wissen und entwirft ein düsteres Zukunftsbild. Denn der Mensch ist gefährdet - durch den Menschen

Sachbuch (11213)

Goldmann Verlag